# 유아음악교육

임 혜 정 지음

태영출판사

# 미리말

십 수년 간 유아음악을 강의해 오면서 나의 지속적인 물음은 유아음악교육이 지향하는 바는 무엇이며, 이것이 우리나라 유아교육의 현장에 얼마나 반영되고 있는가에 대한 것이다. 여기에는 음악교육 철학, 유아교육 이론, 교육정책, 교사의 자질, 교육기관의 운영체제, 환경 등 여러 가지 요소들이 상호 관련되어지므로 명쾌한 답을 기대하는 것이 어려울 수 있다. 그러나 유아음악 교육의 목표와 그에 따른 실제에 대한 확신이 없다면 유아음악 교육자의 하는 일이 사상누각(砂上樓閣)을 짓는 무의미한 수고일 뿐이라 생각된다.

유아음악 교육이 지향하는 바는 무엇인가? 유아음악 교육은 학문적으로 유아교육과 음악교육의 두 영역을 포함하나 현재 우리나라 교육시스템에서는 유아음악 교육을 전문적으로 연구하는 대학의 학과나 대학원 과정이 없다. 그러다 보니 유아음악 교육은 때로 유아교육의 한 영역으로서, 때로는 음악교육의 한 분야로서 취급되어 사실상 충분한 학문적 입지를 확보하지 못하고 있는 것이 사실이며, 이러한 상황은 유아음악 교육 분야의 발전과 질적 향상에 장애요소가 되고 있다.

그럼에도 불구하고 최근 유아교육자 및 음악교육자의 유아음악 교육에 대한 관심이 점차 높아지고 연구도 꾸준히 늘고 있는 현상은 매우 다행스러운 일이다. 그러나 그들 중 상당수는 유아교육의 학문적 배경은 있으나 음악교육의 배경이 없는 경우와 음악교육의 학문적 배경은 있으나 유아교육의 배경이 없는 경우들이다. 이들은 자신의 학문적 배경에 따라 유아음악 교육에 접근함으로써 유아교육의 배경을 가진 경우는 음악교육에 대한 학문적 깊이가 충분치 못할 수 있고 음악교육의 배경을 가진 경우는 유아교육에 대한 학문적 깊이가 충분치 못할 수 있다.

유아음악 교육은 유아교육과 음악교육을 기초로 하여, 음악교육의 본질이 유아라는 특수한 대상을 위한 교육이론에 부합되도록 재조직되어야 하는 것이다. 1980년대 이후 세계의 음악교육은 음악적 감수성이 기반이 되는 심미적 음악교육을 지향하고 있다. '음악적 감수성'이란 음악에 대하여 지각하고 반응하는 능력과 음악에 대한 느낌을 음악적으로 표현해 내는 능력이며, '심미적 교육'이란 음악이 전달하는 느낌과 아름다움을 보다 잘 지각하고 보다 민감하게 반응함으로써 점점 더 깊고 폭넓게 인간의 느낌을 이해할 수 있도록 도우려는 조직적인 시도이다. 그러므로 음악교육의 궁극적 목적은 음악의 체험을 통하여 음악의 제요소들에 대하여 지각하고 반응할 수 있는 음악적 감수성과 개인의 심미적 가능성을 최대한 확장하는 것에 있다고 할 수 있다. 동시에 유아음악 교육은 그 대상이 유아이므로 유아교육의 목표와 부합되어야 한다. 유치원 제 6차 교육과정에서는 유아교육의 목표를 전인적 성장을 위한 기초교육으로서 일상생활에 필요한 기본능력과 태도를 기르는데 두고 있다. 다양한 음악활동은 유아의 사고를 촉진하고 상상력을 발달시키며 감성을 풍부하게 하여 전인적 성장을 돕는데 기여하여야 한다.

이상으로 볼 때 유아음악 교육은 유아로 하여금 지식의 습득이나 기능연마를 하도록 하는 것이 아니라 음악을 듣고 표현하고 느끼는 과정을 통하여 음악의 아름다움을 느끼고 즐거움을 경험하는 것이 가장 근본적인 지향점이 되어야 한다. 이를 적용함에 있어서는 유아의 발달적 특수성이 충분히 고려되어야 하는 것이 간과될 수 없는 유아교육의 특성이다. 그러나 우리의 유아음악 교육 현장에서 유아음악 활동의 지향하는 바가 유아의 지적 능력의 개발이나 음악적 기능연마에 두고 있지는 않았는지 자문자답해 볼 일이다.

미흡하나마 이번 유아음악 교육의 원고는 이러한 생각을 바탕으로 하여 쓰여졌다. 본서는 모두 2장으로 되어 있어 제 1장은 유아음악 교육의 전반적인 이론을 제시하고, 제 2장은 유아음악 교육의 영역별 실제로서 노래부르기, 악기다루기, 동작으로 표현하기, 음악듣기, 음악 만들기에 대한 지도의 실제와 국악교육을 포함하였다. 부록에서는 본인이 작곡한 유아를 위한 창작동요 및 이에 따른 지도방법이 연령별로 제시되었으며, 그밖에 본인의 유아를 위한 창작동요집 '노래하는 꿈나무'에서 발췌한 민속동요, 게임송, 음률활동을 위한 동요, 유치원가 등 다양한 성격의 유아를 위한 창작동요를 제시하였다.

앞서 유아음악 교육을 연구해 오신 많은 분들은 이번 일에 있어서 나에게 훌륭한 스승이시다. 본서의 미흡한 부분은 지속적으로 검토, 수정 보완할 것을 약속드리며 본서가 출판되기까지 정성과 수고를 아끼지 않으신 태영출판사 김현태 사장님 이하 편집부 모든 직원 여러분께 진심으로 감사드린다.

2005. 12

저자 씀

# 차 례

## 제 2 장 유아음악교육의 영역별 지도 실제

## ♣ 부 록

제 1 장

# 유아음악교육의 이론

# 1. 유아음악교육의 의의

## 1) 유아음악교육의 개념

유아음악교육은 유아를 대상으로 하는 음악교육이다. 그러므로 유아음악교육은 음악교육이라는 학문적 범주 안에서 그 대상인 유아의 특수성이 고려되어져야 한다.

음악교육의 개념을 정의할 때 미국의 음악이론가인 마이어(Meyer)는 예술에 대한 두 가지 측면, 즉 지시주의와 절대주의를 언급하였다(김영연, 1996). 지시주의(referentialism)는 작가의 아이디어나 정서 등이 예술작품을 통하여 전달되는 것을 중시하는 입장이나. 이는 작품 자체의 미적 본질을 추구하기보다는 작품이 전달됨으로써 야기되는 어떤 외적 반응과 행동의 변화 등을 주의하는 것이다. 이에 반하여 절대주의(absolutism)는 작품 자체가 지니는 의미나 작품에 내재된 작가의 느낌, 이를 표현할 수 있는 질적인 연주 등을 중시하는 입장으로 이는 예술작품과 예술행위 자체를 중시하는 전문가적 입장인 절대형식주의와 대중으로 하여금 음악적 경험을 통하여 예술작품의 의미와 가치를 찾는 것에 의미를 둔 절대표현주의로 나누어진다.

유아음악교육에서 음악은 단지 다른 영역의 발달을 꾀하는 수단으로만 사용되는 도구가 아니라, 음악활동을 통하여 음악에 대한 심미적 경험을 제공해야 한다는 점에서 유아음악교육은 예술의 절대주의적 입장을 가진다. 또한 유아음악교육은 유아교육이 지향하는 제영역의 조화로운 발달을 돕는 통합적인 전인교육이라는 입장에서 볼 때, 기능연마를 통한 전문 음악인을 양성하려는 목적이 아니라는 점에서 절대표현주의의 입장을 취한다고 할 수 있다.

이홍수(1990)는 음악교육의 본질에 대하여 '음악은 음향 예술적 표현에 담긴 인간의 느낌과 감정을 표현하고 향수하는 활동이며, 음악교육은 아동들에게 음악활동을 체험하게 하고 그러한 체험을 통하여 개개인의 음악적 가능성을 최대한 확대시키고자 하는 심미의 교육이다. 따라서 음악교육은 음악의 표현과 향수 활동의 심미적 체험과 창의적인 음악 능력의 습득, 풍부하고 바람직한 음악적 심성의 계발을 그 본질로 삼는다'라고 말한다. 이것은 음악교육이 학습자로 하여금 다양한 악곡과 활동들을 심미적으로 체험하게 하며, 그러한 체험을 통하여 음악적인 능력을 습득, 향상하게 하고 음악적인 심성을 개발시켜 충실한 음악적 성장을 이루도록 도와야 한다는 것이다.

우리나라 유아교육기관에서의 음악교육 현실은 과거보다 많은 질적 향상이 있었음에도 불구하고, 아직도 일부 교사들에게는 유아음악교육이 노래 배우기나 손유희, 혹은 노래에 따른 율동이라는 제한된 범위로 개념지어지고 있는 것이 사실이다. 김영연(1996)은 음악교육의 본질과 유아음악교육에 대하여 '음악교육의 본질은 음의 미적 특질에 대한 이해를 돕고 이에 대한 반응능력을 발달시킴으로써 인간의 감정을 훈련하는 교육활동이다. 그러므로 음악교육은 예술작품이 보유하고 있는 미적 특질에 보다 깊이 접근하게 함으로써 예술에 대한 통찰력을 공유하도록 이끄는 학문영역이다. 유아음악교육 역시 이러한 범주를 벗어나지 않는다. 다만 교육의 대상이 유아일 따름이다. 따라서 예술의 경험이 유아들의 삶을 위하여 의미 있는 것이 되려면 예술의 경험은 당연히 미적 경험이 되어야 한다.'고 말한다.

그러므로 유아음악교육은 유아들에게 발달적으로 적절한 음악의 다양한 활동, 즉 노래부르기, 악기다루기, 음악듣기, 음악만들기, 동작으로 표현하기 등의 경험들을 제공하여, 음악을 즐기고 반응하고 표현하는 음악적 능력을 촉진시키고, 이를 통하여 음악의 심미적 체험을 할 수 있도록 하여 궁극적으로는 유아의 전인적 발달을 돕는 계획적이고 체계적인 교육활동이라 할 수 있다.

### 2) 유아음악교육의 필요성

유아의 생활과 그들의 활동에는 늘 음악적 요소들이 포함되어 있다. 유아들에게 있어서 음악은 그들의 생각과 느낌, 감정과 정서를 표현하는 수단으로, 유아들의 다양한 음악활동은 그들의 생각과 느낌을 반영하고 표현할 수 있는 하나의 매개체가 된다. 유아들은 놀이 중에도 무의식적으로 무엇인가 흥얼거리기도 하며, 기분이 유쾌할 때는 노래를 부르거나 소리를 지르기도 하고, 무엇인가를 두드리며 소리내기를 좋아하고, 음악소리가 들리면 이에 맞춰서 자연스럽게 몸을 흔들기도 한다. 그러므로 유아가 음악을 즐기는 것은 거의 본능적이라 할 수 있다.

Gardner(1983)는 다중지능이론(Multiple Intelligence Theory)을 통하여 음악지능은 모든 사람이 소유하고 있는 것으로서, 성장하면서 어떤 음악적 경험을 하느냐에 따라 개인차가 나타난다고 보았다. 그러므로 모든 유아는 음악적 능력을 가지고 있으며 누구나 그 잠재력을 발달시킬 기회를 가져야 한다(Smith, 1970). 생득적으로 지니고 태어난 음악적 적성이 발달하는 데는 환경적 조건이나 교육이 영향을 미친다. 일반적으로 풍부한 음악적 환경에 놓여진 유아는 음악적 능력이 더 빠르게 발달된다(Gembris, 2002).

기본적인 음악적 능력은 생의 첫 10년 동안 활발히 발달되며, 그 중에서도 유아기는 음악적 감수성이 매우 빠른 속도로 발달하는 시기이다(유덕희, 1983 ; Gembris, 2002). 학자들의 이론에 따르면 유아의 음악성의 발달은 대체로 만 3세에 급격히 상승하여 만 8세 경에 정점에 이른다. Herrold(2001)는 다른 연구들을 인용하여 유아의 음악성은 9세를 넘으면 덜 적극적이 되거나 부정적이 된다고 보았다. 20세기 대표적 음악학자인 Orff(1973)도 음악성의 발달을 위한 경험은 유아기와 초등학교 저학년 시기에 가장 효과적이라고 보았다.

특히 유아기는 청감각이 매우 민감한 시기이며 음악적 발달의 결정적 시기로, 이 시기의 음악적 경험은 후의 음악적 발달과 태도에 중요한 영향을 주는 것으로 주장된다(Scott-Kassner, 1993 ; Temmerman, 1998). 그러므로 유아기의 적극적이고 직접적인 음악적 경험은 중요하며, 이 시기의 유아들은 음악적 잠재력을 발달시킬 충분한 기회를 가져야 한다.

Gordon(1987)은 9세까지를 '발달적 음악적성(developmental music aptitude)'의 시기로, 초기의 정규 및 비정규적 음악 경험 정도에 따라 변화하는 유동성을 가진 시기로 보았으며, 그 이후는 불변하는 안정성을 가지는 '안정적 음악적성(stabilization of music aptitude)'의 시기로 보았다(이소희, 1998 재인용). 이러한 음악적 성장의 요인으로서의 음악성은 지각 등의 신체기관의 반응과, 감정이나 지각기능의 정서작용과 관계되며, 이런 기능은 개별적 작용으로 역할을 하는 것이 아니라, 서로 불가분의 관계를 갖고 하나의 기능을 구성한다(유덕희, 1983).

유아기는 음악적 감수성을 개발하기 위한 최적기이며, 이를 위하여 다양한 음악활동과 음악교육의 기회를 제공해야 하는 중요한 시기이다. 이 시기의 음악적 경험을 통한 음악성의 발달은 일생동안의 음악활동의 질을 결정하는 바탕이 될 것이며, 한편 이 시기를 놓치면 적절한 환경을 제공한다고 하더라도 그 성장이 매우 둔하거나 기대할만 하지 못할 수 있다. 그러므로 유아기는 음악성 발달을 돕는 적절한 환경과 경험의 제공이 절대적으로 필요하다. 이것은 유아의 연주능력이나 표현 기술을 익히는 등의 능력을 신장시키려는데 그 목적이 있는 것이 아니라, 다양한 음악활동을 통하여 음악의 제 요소들에 대하여 반응하는 음악적 감수성을 더욱 민감하고 풍부하게 발달시킴으로써 음악에 대한 심미감을 확장시키려는데 있다.

### 3) 유아음악교육의 목표

유아음악교육은 음악교육의 학문적 범주를 벗어날 수 없으며, 그 대상이 유아이므로 유아교육의 특수성이 반드시 고려되어야 하는 영역이다. 음악교육이 지향하는 바는 시대에 따라 조금씩 변화되어 왔으나, 1980년대 중반 이후 세계의 음악교육은 음악적 감수성이 기반이 되는 심미적 음악교육을 지향하고 있다. '음악적 감수성'이란 음악예술 작품에 대하여 지각하고 반응하는 능력과, 음악예술 작품에 대한 느낌을 음악적으로 표현해 내는 능력이며, '심미적 교육'이란 느낌의 형태를 표현한 예술적 조건들을 보다 잘 지각하고 그 조건들에 보다 민감하게 반응함으로써, 점점 더 깊고 폭넓게 인간의 느낌을 탐구하고 이해할 수 있도록 도우려는 조직적인 시도이다.

그러므로 음악교육은 음악의 제요소들에 대하여 지각하고 반응할 수 있는 음악적 감수성을 최대한 계발시키기 위하여 미적 경험을 바탕으로 미적 감수성을 길러주고자 하는 시도라 할 수 있다.

우리나라 음악교육의 방향은 세계가 지향하는 방향과 그 맥락을 같이 한다고 볼 수 있다. 이홍수(1990)는 '음악교육의 궁극적 목적은 음악의 체험을 통하여 개인의 심미적 가능성을 최대한 확장하는 것'으로 보고, 이는 다양한 음악활동을 통해 개개인의 타고난 음악적 감수성을 계발함으로써 성취될 수 있다고 보았으며, 김영연(1996)은 음악교육의 본질은 '음의 미적 특질에 대한 이해를 돕고, 이에 대한 반응력을 발달시킴으로써 인간의 감정을 훈련시키는 교육활동'이라고 보았다.

그러므로 유아음악교육의 목표는 우선적으로 이러한 음악교육의 목표를 기반으로 하여 방향이 설정된다. 김영연(1996)은 유아음악교육의 목표를 '유아들로 하여금 음 개념을 습득하도록 유도하고, 개인이 타고나거나 혹은 훈련에 의해 형성된 음악성을 바탕으로 다양한 음악활동을 통하여 음악적 능력을 보다 확대해 줌으로써 유아 스스로 미에 대한 감각을 넓히고 그러한 훈련된 감각을 그들의 음악적 활동 속에 재구성, 재창조할 수 있도록 도와 주는 것'이라고 보았다. 전인옥 · 이숙희(1997)는 유아음악교육의 목표를 '유아들의 음악적 잠재력인 음악적성을 최대한 계발하고 음악적 개념을 형성하는 것'에 있다고 보고, 이를 위하여 다양한 음악적 활동을 통하여, 유아의 생각과 느낌을 자발적이며 창의적으로 표현하게 함으로써, 정서적 안정감과 심미감을 기르고 동시에 유아가 음악적 맥락에 대한 구조적인 이해를 가지고 생각하는 능력을 기르도록 해야 한다고 하였다.

한편 유아음악교육은 그 대상이 유아이므로 유아교육의 목표에서 벗어나지 않는다. 교육인적자원부 고시 유치원 제6차 교육과정에서는 유아교육의 목표를 전인적 성장을 위한 기초 교육으로서, 유아의 일상생활에 필요한 기본 능력과 태도를 기르는 데 두고 있다(교육부, 1998). 다양한 음악활동은 유아의 사고를 촉진하고 상상력을 발달시키며 유아들의 감성을 풍부하게 하여 주고 유아를 전인적으로 성장시키는데 필요한 체험을 제공하여 줄 뿐 아니라, 유아들의 음악활동은 기억과 언어기술의 발달을 돕고, 논리성과 이성적 사고 기술에 다중적 영향을 발휘하며(Boston, 2000), 창의력을 신장시키고 정서를 안정되게 하며 자기표현의 중요한 수단이 된다(박유진, 1997). 그러므로 유아들은 다양한 음악 활동을 통하여 음악적 능력과 음악적 개념의 발달, 음악에 대한 심미감의 발달, 언어발달, 인지발달, 정서발달, 사회성 발달, 창의성 발달, 신체 발달 등 전인적 성장을 가져올 수 있는 기회를 제공받아야 한다. 이를 좀더 구체적으로 살펴보면 다음과 같다.

### (1) 음악적 능력과 음악적 개념의 발달

다양한 음악활동은 유아로 하여금 노래부르기, 음악듣기, 악기다루기, 음악 만들기, 음악에 맞춰 동작으로 표현하기 같은 음악능력을 개발시켜 준다. 어린 연령 일수록 이러한 활동이 통합적으로 나타나나, 연령이 높아지고 경험이 많아지면서 각 활동의 특징이 구별되고 음악적 표현능력도 더욱 발달되어진다.

또한 다양한 음악활동을 통하여 유아는 자연스럽게 멜로디, 리듬, 화성, 음색, 형식, 셈여림, 빠르기 등에 대한 음악적 개념이 형성된다. 유아들의 음악활동은 주로 듣기와 표현하기의 감각적 활동이므로, 유아들은 지식을 통하여 음악적 개념을 습득하기 보다는 다양한 음악적 경험을 통하여 체험적이며 점진적으로 그들의 음악에 관한 고유한 개념을 발달시켜 나간다. 이러한 개념은 유아의 음악에 대한 경험과, 음악을 식별하고 상관관계를 알고 분류하고 일반화시킬 수 있는 능력이 성장한 결과로 나타날 수 있다. 계속 확장되고 발전되는 유아의 음악에 대한 개념은 유아가 자신의 경험의 결과로써 구성하고 재구성하는 폭넓은 이해와 사고이다.

### (2) 심미감의 발달

심미감이란 느낌의 형태를 표현한 예술적 조건들을 보다 잘 지각하고 그 조건들에 보다 민감하게 반응함으로써 아름다움을 향수하는 활동이다. 마음속 깊이 감동을 주는 음악의 힘은 심미적 차원에서 비롯되는 것이며, 이는 음악적 경험에 대해 지각하고 느끼고 통합하고 사고하는 과정이다(Greeanberg, 1979).

유아들은 노래를 부르거나 음악을 듣거나 악기를 다루는 등의 다양한 음악적 체험을 통하여, 풍부한 감정, 충만감, 아름다움 등을 경험함으로써 심미감이 증진된다.

### (3) 언어발달

유아들의 음악활동에는 실제로 언어적 요소가 매우 밀접하게 결합되어 있다. 노래부르기 활동에서처럼 노래말을 통하여 직접적으로 언어표현과 문장력을 기르는 이외에, 듣기나 창작의 경우 유아의 반응과 표현은 주로 언어를 통하여 이루어지며, 악기놀이나 신체표현 등도 단순히 동작이나 기술만으로는 불가능하다. 이와 더불어 모든 음악활동에서 교사와의 언어적 상호작용은 유아의 음악적 표현을 돕는 중요한 요소이다.

### (4) 인지발달

유아의 음악적 경험은 소리에 대한 이해력과 문제해결력을 개발시킨다. 음의 특성을 이해하고 음악의 개념을 형성하는 과정은 유아가 음에 대한 변별력과 인식력, 분류능력, 음의 서열능력, 음에 대한 기억과 재생 능력 등을 동반하는 과정이므로 이는 유아의 인지능력을 향상시켜 준다.

### (5) 정서적 발달

유아의 음악적 경험은 유아의 느낌을 표현할 수 있는 기회이며 타인의 감정을 이해하게 하는 정서적 예민함을 증진시킨다(Greeanberg, 1979). 이로써 유아의 보다 성숙한 감정표현 및 감정의 조절능력을 가져올 수 있다.

### (6) 사회성 발달

유아의 음악활동의 대부분은 단독적으로 이루어지지 않고 소그룹이나 대그룹을 통하여 이루어지며, 교사 및 또래와의 상호작용이 활발히 일어나는 활동들이다. 유아는 이러한 활동들 속에서 참여, 나눔, 협동의 사회적 기술을 익히게 된다(McAllester, 1991). 또한 음악적 경험은 유아들에게 문화적 정체감과 자신감을 가지게 한다(Greeanberg, 1979).

### (7) 창의성 발달

유아들의 음악활동은 유아로 하여금 스스로 적극적으로 활동에 참여하게 하고 자신의 느낌과 생각을 자유롭게 표현하도록 유도한다. 유아는 이러한 음악활동을 통하여, 자신의 생각과 느낌을 탐색하고 실험하며 독창적으로 표현함으로써, 상상력과 표현력이 신장되고 창조적 희열을 느끼게 되며, 이는 유아의 창조적 사고력의 신장을 돕는다(전인옥 · 이숙희, 1997).

### (8) 신체 발달

노래부르기, 악기다루기, 신체표현하기 등 유아들의 음악활동은 신체적 움직임을 동반하며 이러한 음악활동의 영역들은 빈번히 통합적으로 나타난다. 악기를 다루거나 손뼉을 치고 음악에 맞춰 신체표현을 하는 등의 활동을 통하여 유아는 눈과 손의 협응력이 길러지고 소근육과 대근육의 조절능력이 향상되며, 다섯 가지 감각기관의 활용을 통한 신체 탐색과 표현력의 발달을 가져오게 된다.

### (9) 긍정적 자아개념 형성

음악활동은 유아의 호기심과 성취감을 충족시켜 줄 뿐 아니라, 유아 자신이 창의적으로 시도하는 음악적 표현활동을 통하여 자신감을 가지도록 함으로써 긍정적인 자아개념을 형성하도록 돕는다(전인옥 · 이숙희, 1997).

## 2. 유아의 음악적 발달

### 1) 유아의 음악성 발달

모든 사람은 음악적 존재이므로 음악성은 인간의 보편적 능력이며, 모든 사람은 음악성을 발달시킬 수 있는 가능성을 지닌다(Gembris, 2002 ; Gordon, 1990 ; Mursell, 1931). 일반적으로 사람들의 68% 정도는 평균적인 음악성을 가지고, 14%는 좀 덜 음악적이며 14%는 좀더 음악적이다. 단지 2% 정도만이 매우 재능을 타고났고, 2%는 낮은 음악적 재능을 가진다. 완전히 지능적이지 않은 사람은 없듯이 완전히 음악적이지 않은 사람은 없다. 그러므로 모든 사람이 보편적으로 지능적이듯 모든 사람이 음악적이다(Gembris, 2002).

음악성(musicality)은 다양한 음악적 요소들의 자극에 반응하는 상태, 즉 음악의 미적 가치에 반응하는 정도로서 이는 태어날 때부터 각자가 지닌 유전적 요인도 있으나 환경을 통하여 음악을 경험하는 정도에 따라 그 능력의 발달 정도와 속도가 다르다(Gembris, 2002). 일반적으로 풍부한 음악적 환경에 놓여진 유아는 음악적 능력이 더 빠르게 발달된다(Gembris, 2002).

기본적인 음악적 능력은 생의 첫 10년 동안 활발히 발달되며, 그 중에서도 유아기는 음악적 감수성이 매우 빠른 속도로 발달하는 시기이다(유덕희, 1983 ; Gembris, 2002). Haecker & Ziehen(1922)는 80% 이상의 아동이 10세 이전에 음악적 능력이 나타나고 대체로 만 3세에 급격히 상승하여 만 8세 경에 정점에 이른다고 보았으며, Herrold(2001)는 다른 연구들을 인용하여 유아의 음악성은 9세를 넘으면 덜 적극적이 되거나 부정적이 된다고 보았다. 20세기 대표적 음악학자인 Orff(1973)도 음악성의 발달을 위한 경험은 유아기와 초등학교 저학년 시기에 가장 효과적이라고 보았다.

특히 유아기는 청감각이 매우 민감한 시기이며 음악적 발달의 결정적 시기로

이 시기의 음악적 경험은 후의 음악적 발달과 태도에 중요한 영향을 주는 것으로 주장된다(Scott-Kassner, 1993 ; Temmerman, 1998). 그러므로 유아기의 적극적이고 직접적인 음악적 경험은 중요하며, 이 시기의 유아들은 음악적 잠재력을 발달시킬 충분한 기회를 가져야 한다.

Gordon(1987)은 9세까지를 '발달적 음악적성(developmental music aptitude)'의 시기로 초기의 정규 및 비정규적 음악 경험 정도에 따라 변화하는 유동성을 가진 시기로 보았으며 그 이후는 불변하는 안정성을 가지는 '안정적 음악적성(stabilization of music aptitude)'의 시기로 보았다(이소희, 1998, 재인용). 이러한 음악적 성장의 요인으로서의 음악성은 지각 등의 신체기관의 반응과 감정이나 지각기능의 정서작용과 관계되며 이런 기능은 개별적 작용으로 역할하는 것이 아니라 서로 불가분의 관계를 갖고 하나의 기능을 구성한다(유덕희, 1983).

유아들에게 있어서 음악은 기억과 언어기술의 발달을 도울 뿐 아니라 논리성과 이성적 사고 기술에 다중적 영향을 발휘하며(Boston, 2000), 상상력과 창의력을 신장시키고 정서를 안정되게 하며 자기표현의 중요한 수단이 된다(박유진, 1997).

즉, 음악은 인간의 자기표현 수단이며 보편적인 능력으로서, 모든 사람은 정도의 차이는 있으나 누구나 음악적으로 반응하고 행동할 수 있는 강한 생물학적 경향을 가지고 태어난다(전인옥 · 이숙희, 1997 ; 임혜정, 2004). 그러나 성장하면서 그 사람의 음악성 발달에 관하여는 학자들 사이에 두 가지 관점이 있다. 그 하나는 음악성의 발달이 타고난 음악적 잠재력, 즉 유전적 요인에 의하여 결정된다고 보는 생물학적 관점이고, 다른 하나는 음악성의 발달이 적절한 환경과 좋은 교육을 통하여 크게 영향 받는다고 보는 환경적 · 교육적 관점이다. 이를 구체적으로 살펴보면 다음과 같다.

### (1) 생물학적 관점

이것은 사람이 태어나면서부터 음악에 반응하는 능력을 가지고 태어나며 그 능력이 사람마다 다르다고 보아, 음악성을 유전적 요인으로 보는 관점이다.

Mursell(1931)에 의하면, 양친 중 어느 한 쪽이 음악적이면 자녀들이 대체로 음악적이고, 양친이 모두 음악적인 경우 자녀들이 음악적일 확률이 높다고 말한다.

### (2) 환경적 · 교육적 관점

음악성은 적절한 환경과 질 좋은 음악교육이 제공될 때 개발될 수 있는 것으로서, 유아의 음악적 능력은 음악적 경험이 많을수록, 좋은 환경과 교육이 제공되는 만큼 발달되어진다고 보는 견해이다. 실제로 유덕희(1973)는 유아의 음악능력 발달을 위해 음악적 가정환경이 필요하다고 보았으며, 김영희(1983)는 적절한 음악교육과 음악활동의 격려가 있고 음악 기자재가 잘 구비된 가정의 유아들이 그렇지 않은 유아에 비해 리듬과 음높이 인식 능력이 높다고 밝히고 있다.

Gordon(1987)은 음악성과 관련하여 다음과 같이 설명한다.

① 정상인이라면 누구나 음악적 자질을 가지고 태어난다.
② 타고난 음악적 자질은 사람마다 다르다.
③ 음악적 자질은 타고난 것 이상으로 환경의 영향을 많이 받으며 이는 어릴수록 더욱 크게 작용한다.
④ 음악적 자질은 9세 이전에 모두 형성된다.

음악성에 대한 생물학적 관점이나 환경적 · 교육적 관점에 대하여 학자들의 의견을 종합하여 볼 때, 음악성은 생물학적 요인이나 환경과 교육적 요인 중 어느 하나만으로는 설명되어질 수 없다. 실제로 Bach의 가계에 음악가가 많은 것이 유전적 요인 때문인지 음악가 집안의 음악적 환경 때문인지는 그 어느 쪽도 단정적으로 말할 수 없다. Mursell(1981)은 음악성의 유전적 요인을 설명했지만 한편 비음악적인 가정의 자녀라 하더라도 음악적인 가정의 자녀들 보다 더 음악적인 경우도 있다고 말한다. 그러므로 생물학적 관점이나 환경적 · 교육적 관점 중 어느 것도 필요조건은 되나 충분조건은 되지 못한다는 것이 일반적인 견해이다. 음악성의 발달에 있어서 생물학적인 요인과 환경적・교육적 요인이 상호 보완적인 관계를 가진다고 볼 수 있다. 음악적 소질을 가지고 태어난다 하더라도 환경과 교육에 의해 개발되지 않는다면 음악적 능력의 성장은 기대할 수 없으며 사장되고 말 것이다. 그러므로 이것이 유아음악교육에 주는 시사점은 유아음악교육이 개개인이 타고난 음악적 특성과 능력을 인정하고 적절한 환경과 교육을 통하여 그들의 음악성을 개발하고 그들의 음악적 능력을 최대한 향상시킬 수 있도록 도와야 한다는 것이다.

### 2) 유아의 음악적 능력의 발달

인생의 초기 몇 년은 신체적, 지적, 사회적, 정서적으로 가장 급격한 성장을 보이는 시기이며 음악적 능력 또한 급속도로 발전하는 시기이다. 출생으로부터 유아기까지 음악적 능력의 발달에 대하여 학자들의 의견을 종합하여 연령별로 정리해 보면 다음과 같다.

#### (1) 출생－1년

음악적 감각 중 가장 먼저 발달하는 것은 청감각으로 태어나면서부터 존재한다(Nye, 1975). 영아는 처음에는 소리의 감각적인 자극에 반응하여 고개를 돌리거나 몸을 움직이거나 하는 등의 소극적인 듣기 반응을 하고, 그 다음에는 엄마의 목소리 같은 특별한 소리에 반응하면서 그 소리들을 구별하기 시작한다. 생후 2개월 정도가 되면 사람의 목소리를 변별할 수 있으며, 4개월 이후에는 소리에 강한 관심을 나타내기 시작하여 의도적으로 소리를 들으려 하고, 5～6개월 후에는 물체의 소리를 듣고 가릴 수 있으며 음원의 위치를 인식할 수 있다. 이 시기에는 영아가 항상 들어왔던 가락의 윤곽이 바뀌게 될 경우 이것을 알아차린다. 음의 변별력은 그 후 급속하게 발달하여 약 8세～10세 경에는 정점에 이르게 된다.

유아기 초기의 노래부르기 능력의 발달은 언어발달과 병행하여 다음과 같은 발달 단계를 거친다. 초기 발달단계라 할 수 있는 0세～3세의 유아는 쿠잉(cooing : 영아가 만드는 '구구' 등의 모음소리)이나 옹알이라 하는 베이비 토크(baby talk : 만 1세에 활발), 그리고 주변에서 들리는 여러 가지 소리의 모방과정을 거쳐 유아로 하여금 노래의 원시적인 형태라 할 수 있는 라임(rhyme: 운율을 뜻함. 예 : '도리도리')이나 찬트(chant : 간단한 리듬꼴의 2~3음을 반복하는 읊조림에 가까운 노래)를 가능하게 하며, 이러한 활동은 유아의 성장과 더불어 노래부르기 활동으로 발전된다.

출생 후 1개월 내의 영아는 울음 이외에도 다른 소리들을 낼 수 있게 되는데 가장 흔히 들을 수 있는 소리들은 부드럽고 감미로운 쿠잉 소리이다. 이 시기 동안에 내는 소리들인 쿠잉, 한숨, 특히 울음은 다양한 높낮이, 음색, 리듬, 크기의 정도에 있어서 음악적 속성을 가지고 있다. 생후 불과 몇 주일 되지 않아서 영아는 이러한 소리들을 조절할 수 있게 된다. 생후 3개월 정도가 되면 갖가지 특징적인 목소리 패턴을 내기 시작한다. 영아는 울음의 음고, 크기, 리듬 패턴을 달리하여 매우 실제적인 감정과 욕구의 표현으로서 울음으로 음악적 소리를 만든다(Bayless & Ramsey, 1991). 영아는 종종 자신이 내는 소리를 음미하면서 그 소리들을 계속해서 되풀이한다. 4개월째가 되었을 때 영아는 자기 발성을 실험하기 시작한다. 더듬더듬 하나의 모음을 길게 연속해서 되풀이하기도 하고, 그 다음에는 두 음절의 단어도 소리 내게 된다. 4~6개월 정도가 되면, 영아는 재미있고 즐거운 표정이나 소리에는 즐거움의 표시로 의미 없는 소리들을 냄으로써 반응할 줄 알고, 여러 가지 소리들을 더듬더듬 중얼거리는 옹알이가 빈번해진다.

이 시기의 영아들은 억양을 높이거나 떨어뜨려 가면서 일련의 소리들을 내기도 하고, 불쾌감도 소리로 표현하며 쿠잉 소리를 자주 낸다. 이러한 중얼거림이나 더듬거림은 다른 사람의 말이나 노래에 대한 응답일 수 있다. 만일 옆에 반응을 해 주는 사람이 있다면 영아의 말하려는 시도는 좀더 빈번해진다. 초기 영아의 목소리는 말과 노래의 명확한 구분이 어려우나 이는 이후에 나타나는 말과 노래의 모체가 된다(Greenberg, 1979).

음악적인 옹알이, 즉 다양한 높이로 말소리를 내는 것은 대개 6개월에서 9개월 사이에 나타나는데 이것은 영아가 음악에 맞추어 몸을 움직일 수 있는 능력과 병행해서 나타난다. 이러한 음악적인 옹알이는 3개월 혹은 4개월째 시작했던 언어적인 옹알이 다음에 나타난다. 언어적 옹알이와는 달리, 음악적인 옹알이는 분명한 높낮이가 있고 언어적 옹알이처럼 많은 음절을 갖지 않는다. 음악적 옹알이들은 대개가 정확한 리듬이 없고 비교적 높게 시작해서 끝에 가서는 내려간다. 음은 주로 반복되거나 거의 간격이 없이 진행되며, 처음에 내는 음에서부터 점차적으로 하행하는 것들이 대부분이다. 음역도 매우 다양해서 몇 음에서부터 한 옥타브 정도의 범위를 가지는 것도 있다. 음의 높이는 가온다 음(c') 주위에 몰리거나 그보다 좀 낮은 음에 몰리게 된다.

7개월 경이 되면 어른들의 억양을 사용하여 소리를 중얼거림으로써 어른들의 억양과 멜로디에 맞추기를 시도한다. 이 시기에는 자기 자신의 소리를 가지고 실험하려는 강한 충동을 느끼게 되며, 소리를 낼 때 어른들과 유사한 목소리의 굴절 현상과 억양들을 많이 나타낸다. 11개월이 되면서 영아들은 리듬과 음고를 포함하는 옹알이 소리, 몇 가지 단어들, 그리고 서투른 억양 패턴 등을 재잘거리기 시작하고 제법 의사소통을 시도하기 시작한다. 주변 사람들이 말하는 것을 몇 마디 알아듣고 이해하면서 '엄마', '아빠' 등의 말을 하기도 한다. 재잘거리는 소리들의 멜로디와 억양 패턴들은 가끔 한 문장처럼 들리기도 하고 익숙한 노래의 극히 짧은 한 부분을 모방하여 비슷하게 소리내기도 한다. 음악에 맞춰 몸을 움직이나 박자를 잘 맞추어 하지는 못하며, 그들의 자발적인 노래는 모음의 지속이나 규칙적인 시간 구성 면에서 말과 다르다.

Greenberg(1979)는 유아의 노래부르기 발달 과정을 다섯 단계로 구분하였다. 1단계는 초기 발성기(The first vocalization)로 태어나서부터 대략 3개월까지이며, 2단계는 목소리 실험과 소리 모방하기(Experimentation and sound imitation)로 대략 3개월에서 18개월까지이다. 3단계는 대략적으로 노래부르기(Approximation of singing)로 대략 18개월에서 3세까지이고, 4단계는 한정된 범위 내에서 정확하게 노래부르기(Singing accuracy limited range)로 대략 3세에서 4세까지이며, 5단계는 좀더 넓은 범위에서 정확하게 노래부르기(Singing accuracy expanded range)로 대략 4세 이상이다.

### (2) 1세

이 시기의 유아는 운동능력을 더 잘 조절하고 활용할 수 있게 되며 더 열정적으로 주위환경을 탐색하게 된다. 몇몇 단어를 말하기 시작하는 등 언어발달이 진행되면서 많은 소리를 변별할 수 있게 된다. 의도적으로 주변의 소리를 탐색하고, 소음과 같은 비음악적인 소리와 노래 소리 같은 음악적인 소리를 구별하며 음색, 셈여림, 리듬, 음의 높낮이에 대한 개념이 형성되지만 표현은 미숙하다.

생후 1년쯤 후면 대부분의 유아들에게서 노래부르기와 말하기의 분리가 가능하게 된다. 유아들은 목소리 놀이(vocal play)를 통하여 스스로 목소리와 소리의 한계를 실험해 ㅂㄱ 가능성들을 경험한다. 영아는 일련의 연속된 소리를 반복하기도 하고, 무의미한 음절을 사용하여 흥얼거리기도 하며 억양 패턴을 변화시켜 보기도 한다. 또한 유아들은 놀이를 할 때, 노래하거나 흥얼거리기도 하며 몇 개의 음을 듣고 따라 하기도 하면서 자신의 목소리를 통제함으로써 서서히 노래할 준비를 갖추게 된다. 그러나 아직 정확하게 노래 부르지는 못한다. 이런 것들은 12개월에서 18개월 사이에 두드러지게 나타나는 현상이다(이용일, 1987, 재인용). Ostwald(1973)는 음정을 낼 수 있는 시기를 생후 6개월 이전이라고 하였으나, Dowling(1999)에 따르면 첫 번째 사실상의 노래부르기는 6~18개월에 관찰될 수 있다. 처음에는 한 음절로 끌어올리는 듯한 즉흥적인 것으로 좁은 음역 내에서 발생되며, 그 후에는 소리를 동형진행(sequence)으로 조직화하기도 하며 좀더 인식할 수 있는 노래들로 발전된다.

18개월 이후가 되면, 대부분의 유아들은 6개월 내지 9개월 사이에 시작되었던 음악적 옹알이들이 이제는 좀더 발전되어 점점 더 많이 '옹알이 노래'를 하게 되고, 그것들은 리듬이나 멜로디에 있어서도 전보다 좀더 다양해진다. 이렇게 자발적으로 더듬더듬하는 노래들은 제법 정확한 리듬을 갖게 되며, 노래의 음높이들이 좀더 분명해져서 2도, 3도, 4도 등과 같은 음정을 구사하게 된다(안재신, 1996). '옹알이 노래'는 종종 끊어지는데 그것은 음악적인 목적 때문이 아니라 호흡조절을 위한 것이다. 유아들은 흔히 듣는 노래의 특징적인 부분을 흥얼거리기도 하고 즉흥적인 가락을 노래하지만 이러한 노래들은 받아 적기에는 불분명한 음정과 리듬들을 포함한다.

1세 후반이 되면 눈과 손의 협응력이 발달하여, 소리내기 용이한 간단한 리듬악기를 이용하여 반복하여 두드리면서 제법 박을 느끼게 하는 규칙적인 소리내기를 시도하지만 아직 불규칙적이다. 그러므로 이 시기에는 소리나는 물체에 관심을 가지고 소리를 내보려고 시도한다. 신체발달과 함께 유아는 음악을 듣고 몸으로 반응하는데 더욱 적극적이 되어, 손뼉을 치거나 흔들기, 구르기 등을 하나 박자나 리듬감이 미숙하여 음악에 잘 맞지 않는 경우가 많다.

### (3) 2세

유아의 각 발달 영역은 독립적인 것이 아니라 상호의존적이다. 유아의 음악적 능력의 발달 역시 다른 영역의 발달이 있을 때 더욱 활발하다. 이 시기의 유아는 운동기능이 더욱 발달하여 뛰거나 계단을 오르내리는 것도 가능하며 손가락의 놀림도 더욱 유연해진다. 발음이 정확하지는 않으나 언어 사용 능력이 급속하게 성장하여 의사소통 능력이 매우 향상되며 주위 세계의 서로 다른 물체와 사건들 간의 관계들을 이해하기 시작한다.

아직 주의집중 시간은 길지 않으며 집단 활동에도 관심이 없어 이 시기의 음악활동은 타인을 의식하지 않고 대부분 개인적으로 이루어진다. 음악을 듣고 리듬에 몸동작을 조화시키기 시작하며 음악에 맞춰 자유롭게 춤추는 것을 좋아한다.

이 시기에는 이제까지의 경험과 어른들의 도움을 받아서 주위에서 그가 들을 수 있는 노래들을 배우기 시작한다. Gesell과 Lig은 가창음역 발달에 관한 연구에서 유아가 생후 2년이 되면 불확실하기는 하나 일련의 노래를 부를 수 있다고 보았다(이용일, 1987, 재인용). 이 시기에는 노래부르기를 좋아하고 놀이를 하면서도 노래를 흥얼거린다. 읊조림(chant)을 좋아하며 자주 소리와 형태를 반복하게 된다(김혜경, 2001). 유아는 단순한 절로 된 노래를 부를 수 있으며 노래의 멜로디에 유사하게 접근한다. 이 시기에는 노래를 완전히 부르지는 못하지만 노래 듣기를 즐기고 노래를 따라 부르려 한다. 즉흥적인 노래든 흉내내는 노래든 유아는 노래부르기를 좋아한다.

2세 유아는 자기중심적이며 말놀이 식의 즉흥적인 노래를 부르며, 대부분의 노래는 언어와 어휘를 가지고 놀면서 부르는 것이므로 반복적인 언어나 문구가 포함된다. 이 시기에는 높은음보다 낮은음이 소리내기 편하며 d′에서 a′ 정도가 편안한 음역이다. 음정은 좁을수록 부르기 쉽고 음정이 5도나 6도를 넘으면 정확하게 표현하기가 어려운 유아는 제멋대로 고쳐 부르는 경향이 있다(Greenberg, 1979).

이 시기의 유아들은 함께 노래부르기를 할 때 음정을 맞춰 노래부르기 어려우며 가끔 몇 소절이나 몇 군데만 따라 부르기도 하며 대개는 주로 듣기를 좋아한다.

2세 동안에 유아들은 자발적인 노래의 길이가 점점 길어지고 음정을 조직화하려는 경향이 나타나면서 점차 노래의 모양에 일관성을 가지게 된다. 2년 6개월 경에는 유아들이 주위에서 들었던 노래의 부분들을 모방하기 시작하며 주로 단3도 하행하는 선율의 유형을 즐겨 사용한다(안재신, 1996). 이들은 아직 노래를 완전히 부르지는 못하지만 노래 듣기를 즐기고 자발적으로 노래를 부르려 한다.

### (4) 3세

3세는 다른 시기보다도 훨씬 더 많은 언어발달과 정서발달이 이루어지는 시기이며, 음악을 통해 자기 표현력이 증가되는 시기로 음악성도 현격하게 발달되는 시기이다. 박에 대한 개념이 형성되어 박자에 맞추어 손뼉을 칠 수도 있으며 박자에 맞추어 걷는 것이 가능해진다. 신체 협응력이 증가하고 리듬적 동작을 할 수 있는 능력이 생기므로, 다양한 몸동작을 시도하려 하고 몸을 움직이는데 있어서 넓은 공간을 사용하기도 한다. 이 시기는 음색과 음의 높낮이는 물론 셈여림과 빠르기의 개념도 형성되며 활동을 통하여 이러한 개념의 이해가 증진되면, 이에 대한 변별력은 점차 예민해진다.

3세의 유아는 목소리를 더욱 잘 통제할 수 있고 노래 가사를 읊조리거나 간단한 몇 가지 노래들을 부를 수 있게 된다. 대부분의 유아들은 노래말과 리듬

뿐 아니라 음높이도 모방해 낼 수 있으며, 노래를 듣고 따라 하는 능력도 증대된다. 그러나 아직은 구체적인 음 개념을 인지하지 못하므로 표현의 정확도는 낮은 편이다(Greenberg, 1979). 이 시기에는 정확한 리듬이나 음정표현 보다는 곡의 흐름(contour)에 의존하여 노래부르기를 즐기지만 활동의 빈도가 이전에 비해 증가한다. 어떤 유아는 이 단계에서 좀더 넓은 음역의 다양한 음을 사용하면서 정확한 멜로디 표현에 접근한다. McDonald(1993)는 3세의 많은 유아들은 전곡을 부를 수 있고 넓은 레파토리로 발전된다고 보았다(Kostelnik et al., 1999, 재인용). 이 단계의 유아는 곡의 리듬에 근사하게 접근하게 되고 음정의 변화에 근사하게 맞추게 되나, 항상 모든 음정을 정확하게 맞추지는 못한다(Greenberg, 1979).

### (5) 4세

이 시기는 능동적인 학습과 지적인 개발이 급속도로 이루어지는 시기이다. 이 시기의 유아는 소리들을 순서짓고 분류하는데 상당한 진보를 보이며 음역이 넓어지고 리듬의 이해 능력이 향상된다. 리듬악기를 별 어려움 없이 다루게 되며 신체를 이용하여 음악을 표현하거나 음악을 듣고 극화시키는데 많은 흥미를 보이며, 좀더 풍부하고 음악적인 표현들을 구사할 수 있게 된다.

확장된 어휘나 음역, 리듬 감각이 유아로 하여금 다양한 목소리로 노래부르는 것을 가능하게 하며, 유아는 노래를 처음부터 끝까지 부를 수 있고 노래의 정확성도 점차 증가한다. 노래를 부르는 과정에서 노래말을 기억하는 일에 비중을 두고 즐기기도 한다.

유아들이 만든 자발적인 노래들의 특성을 보면 노래의 음역이 한 옥타브를 넘지 않고 대부분 완전 5도 내의 음정으로 구성된다(김혜경, 2001, 재인용). Gesell과 Lig은 4세 경엔 정확한 음정으로 부를 수 있는 유아가 있다고 보았다(이용일, 1987, 재인용).

유아들은 이미 알고 있는 노래들의 단편을 모아 새로운 노래를 구성하면서 즐거워한다. 이 시기의 유아가 이미 잘 알려진 노래와 매우 흡사한 자신의 독창적인 노래를 지어 부르는 것은 흔히 볼 수 있는 일이다. 대개 이러한 노래들의 내용은 즉흥적이며 무의미한 음절들로 이루어지며 주로 반복적이다. 익숙한 노래의 선율을 모방하여 부르는 경우에는, 리듬이나 가락이 모두 부분적으로만 정확하다. 이 시기의 유아는 함께 노래하는 것이 가능하며 다른 유아들이 부르는 노래의 음에 맞추어 노래하는 활동이 가능하게 된다. 집단에서 함께 노래하는 것을 즐기게 되며 자신의 차례를 지켜 노래할 수도 있다.

이 시기에 적절한 경험과 훈련을 거친 유아는 음역의 범위가 확장되어 저음은 c′ 이하까지 확장되며 고음은 c″ 음까지 확대된다. 유아가 노래의 음악적인 면을 표현하기 시작하는 것은 이 시기부터 볼 수 있다. 유아는 강약이나 속도를 주의하여 노래부르기도 하며 노래말을 효과적으로 표현하기 위하여 목소리를 가다듬기도 한다(Greenberg, 1979).

### (6) 5세

이 시기는 대근육 발달이 완성되는 시기로 유아의 신체표현의 범위는 더욱 다양하고 넓어져 높이뛰기, 크게 뛰기 등이 가능하고 공을 던지고 받을 수도 있다. 음악에 맞추어 움직이거나 리듬 게임, 율동하기를 즐기며 음악에 자신의 몸동작을 그대로 맞출 수 있다(Jenkins & Schacter, 1975).

일반적으로 5세가 되면서 유아는 자신을 음악적으로 표현하는 일차적인 수단으로서 목소리를 사용하는데 아주 능숙해진다. 정상적인 유아는 5세나 그 이후가 되어야만 좀더 정확하게 높은음에 도달하게 되는데, 이는 그 전까지는 아직 이런 음들을 내는데 필요한 신체기관을 통제하지 못했기 때문이다(Greenberg, 1979). 이 시기의 유아는 노래하는 일에 열심과 흥미를 보이고 혼자노래, 대그룹 속에서의 노래, 소그룹 속에서의 노래를 할 수 있으며 자신이 좋아하는 노래를 갖게 된다(김혜경, 2001 ; 안재신, 1996).

5세 이상이 되면 유아의 음역은 b 이하나 c″이상까지 확장되며 음정도 좀더 정확해진다. 이 시기의 유아들은 조와 중심 음의 변화에 대한 감각을 갖게 되며 노래부르는 음높이도 훨씬 안정감이 있다. 즉, 유아는 한 곡이 끝날 때까지 일관된 조성을 유지하는 능력을 갖게 되며, 음감의 발달로 음정을 비교적 정확하게 구사할 수 있게 된다. 5세 유아는 동일한 노래를 다른 속도와 다른 음높이로 부를 수 있으며, 음량의 변화나 곡의 속도에도 주의를 집중할 수 있게 되고 리듬의 정확도도 높아진다(안재신, 1996). 여러 개의 소리가 동시에 어울리는 것(화음)을 느낄 수 있으나 주로 선율에 더 관심을 둔다. 유아는 연령이 높아갈수록 음악에 대하여 집중하여 주의 깊게 듣는 경향이 나타난다. 또한 자신의 목소리로 감정이나 의미를 표현할 수 있게 된다.

## 3. 유아음악교육의 내용

심미적 음악교육으로서의 유아음악교육에 대한 관심이 고조되기 이전의 전통적 입장에 따르면, 음악교육은 음악인을 양성하기 위한 일부 특정한 대상에게만 행하여지는 것이라고 보거나, 일반인을 위한 음악교육이라 하더라도 악기의 연주 기능을 배양하기 위한 것으로 간주되어 온 것이 사실이다(심성경 외, 2003). 그러나 현대에 오면서 유아음악교육은 특정인을 위한 것이나 기능을 연마하기 위한 것이 아니라, 모든 유아에게 다양한 음악적 활동을 경험하게 하여 그들로 하여금 음악을 즐기도록 하며 그들의 음악적 잠재력을 최대한 계발하도록 하는데 그 목적을 두고 있다. 유아들은 다양한 음악활동을 통하여 자발적이며 창의적으로 자신의 느낌을 표현할 수 있으며 정서적 안정감과 심미감을 기르고, 나아가서 언어발달, 인지발달, 정서발달, 사회성 발달, 창의성 발달, 신체발달 등을 통한 긍정적 자아개념 형성을 형성하는 총체적인 발달을 가져올 수 있는 기회를 제공받게 된다. 이러한 유아음악교육의 실현을 위하여 유아음악교육의 내용은 어떤 원리로 구성되는지 알아보고 유아음악교육의 영역구성 및 이에 따른 각 영역별 구체적인 지도 내용을 알아보고자 한다.

### 1) 유아음악교육의 영역

유아의 음악적 경험의 영역은 다양하며 유아를 위한 음악 프로그램을 계획하고 내용을 선정하는 데는 이러한 다양한 영역이 고려되어야 한다. 유아의 음악적 경험을 바탕으로 하는 유아음악교육의 내용은 음악의 세 영역인 '창작', '연주', '감상'으로 나누어 생각할 수 있으며 이를 유아의 활동과 관련하여 '음악 만들기(창작)', '연주하고 표현하기(연주)', '음악듣기(감상)'로 명명할 수 있다. 이들 중 '연주하고 표현하기'는 '노래부르기', '악기다루기', '동작으로 표현하기'로 세분될 수 있다.

유아음악교육의 과정은 위에서 언급한 다양한 음악활동의 영역들이 독립적으로 행하여지는 것이 아니라, 영역 간 상호작용을 통하여 다양한 형태의 통합된 방식으로 이루어진다. 또한 음악에 유아가 접근하는 방식은 노래하고 악기를 다루고 음악을 들으며 신체를 표현하는 등의 실제적 활동을 통해서이다. 실제적 활동을 통하여 음악은 배운다는 것은 유아가 음악을 듣고, 노래하고, 연주하고, 동작으로 표현하고, 음악을 창조할 때 유아가 몸 전체나 일부분을 사용해서, 음악을 지각하고 느끼고 이해한 음악의 심미적인 면을 표현하는 것을 의미한다(전인옥 · 이숙희, 1997).

### 2) 유아음악교육의 내용선정 원리

유아음악교육의 구성 체계는 교육목표를 중심으로 하여 교육의 내용과 교수-학습 과정을 어떻게 체계화하여 진행시키고 어떻게 평가할 것인가에 대한 구성 틀로서 순환적인 단계로 체계화된다(전인옥 · 이숙희, 1997). 이러한 유아음악교육의 구성 체계는 현행 유아교육의 내용체계인 '기본생활교육의 강조', '유아의 요구와 흥미, 개별성의 존중', '놀이중심교육', '유아의 전인적 성장 · 발달'을 구성의 중심적 교육목표로 설정하고 있다.

유아음악교육의 내용선정의 원리는 '발달적합성의 원리', '생활중심의 원리', '학습계열화의 원리', '다양성과 통합성의 원리'로 요약될 수 있으며 각각을 살펴보면 다음과 같다.

### (1) 발달적합성의 원리

유아음악교육의 내용은 음악성 발달과 신체발달, 정서적 발달, 인지발달 등을 포함하는 유아의 전인적이고 총체적인 발달에 적합하게 구성되어야 한다.

가령 유아의 노래부르기 활동을 위하여 유아교사가 선정한 동요가 유아의 음악적 발달에 대한 고려 없이 행하여져 유아의 음역을 벗어난 것이라면, 이는 유아가 노래부르기에 어려움을 초래하며 원활한 활동이 이루어지지 않아 학습 목표에 도달할 수 없게 될 것이다. 또한 유아의 감상활동시 베토벤의 '운명 교향곡'이 명곡이라 하여 교사가 이를 감상 교재로 선정한다면, 한 악장이 약 40분 정도 소요되는 그 곡을 끝까지 들어낼 유아는 거의 없으며, 학습의 효과는 매우 부정적인 결과로 나타날 것이다. 그러므로 교사는 우선 각 발달영역에 따른 유아의 발달 정도에 대한 지식을 갖추어야 하며 활동하고자 하는 내용이 발달에 적합한 것인지를 반드시 고려해야만 한다.

### (2) 생활중심 원리

유아음악교육의 내용선정은 유아의 일상생활 경험을 소재로 하는 것이 좋다. 유아의 일상생활 속에서 경험할 수 있는 소재는 유아의 관심과 흥미를 유발하고 학습 욕구를 자극한다. 그러므로 유아음악교육의 내용을 구성하고 조직함에 있어서, 먼저 유아에게 가장 직접적이고 구체적이며 친숙한 소재로부터 시작하여, 점차 간접적이고 덜 친숙하며 추상적인 소재로 확대해 갈 수 있다. 이는 어린 연령일수록 유아에게 친숙하고 그들의 일상생활 경험과 관련이 깊은 소재를 다루는 것이 학습의 효과를 극대화시키는 방법 중 하나이다. 예를 들면, 만 3세 유아들에게는 '우주'나 '우리나라' 등의 소재 보다는 '우리 가족', '친구' 등의 소재가 더욱 친밀하며 이해하기 쉬운 소재가 될 것이다.

### (3) 학습계열화의 원리

유아들에게 제공되는 학습은 단계적으로 심화학습이 될 수 있도록 음악활동의 내용을 계열화하여 구성할 필요가 있다. 이러한 계열화는 교육내용이 계열화되어 반복적으로 제시되게 되므로 '반복학습의 원리', 또는 '나선형의 원리'라고도 한다. 예를 들면, 교사는 노래부르기 활동에 있어서 매시간 유아에게 가락, 리듬, 박자, 셈여림 등의 음악적 개념에 대하여 반복적으로 학습시킬 수 있지만, 그 과정 속에서 처음에는 대략적인 개념 형성의 단계로부터 시작하여 점차 개념에 대한 이해는 구체화되고 심화되므로 완전한 이해에 이르게 되는 것을 말한다.

좀더 구체적으로 예를 들면, 셈여림에 있어서 초기 단계의 학습에서 유아는 단지 세고 여림을 구분하는 정도의 대략적인 셈여림 개념만을 학습할 수 있으나, 학습이 거듭될수록 점차 셈여림의 개념은 세분화되고 구체화되어 '세게'의 경우에도 아주 세게, 세게, 조금 세게로 구분할 수 있으며, '여리게'의 경우에도 아주 여리게, 여리게, 조금 여리게로 구분하는 단계로 발전할 수 있다. 이러한 학습이 좀더 반복되면 셈여림에 대한 개념은 점차 확대되어, '점점 세게', '점점 여리게' 등 점차로 세기가 변화하는 셈여림의 개념으로까지 발전될 수 있다. 그러므로 이러한 학습에서 개념 학습은 학습이 반복될수록 점차 심화된다고 말할 수 있다.

### (4) 다양성과 통합성의 원리

유아음악교육의 내용은 음악교육의 여러 가지 활동영역 중 어느 한 곳에 치우치는 것이 아니라, 균형 있게 모든 영역을 골고루 포함하고 있어야 한다. 유아음악교육의 영역은 '노래부르기', '악기다루기', '동작으로 표현하기', '음악듣기(감상)', '음악만들기(창작)'의 다섯 영역으로 나누어질 수 있으며, 유아음악교육은 반드시 이 모든 영역의 활동을 포함해야 한다.

그러나 우리나라 유아음악교육의 현실은 이점에 있어서 매우 불균형을 보이고 있다. 우리나라 유아교육기관의 음악교육 활동에서 노래부르기가 가장 빈도 높은 활동으로 나타나 있다(교육부, 1996 ; 박정빈, 1995 ; 안재신, 1996 ; 황성숙, 2002). 노래부르기는 음악적 경험의 중요한 요소일 뿐만 아니라 음악을 경험하고 학습하는 가장 직접적인 방법이며(Scott-Kassner, 1998), 조기 음악교육의 핵심적인 활동(이연경, 1999)이나 대다수의 유아교육기관에서 지나치게 노래부르기 활동에만 집중함으로써 나머지 영역에서의 음악적 체험과 발달의 기회를 놓치게 되어 음악적 발달에도 불균형과 지장을 초래하게 된다.

이러한 현상에 대한 이유는 여러 가지가 있겠으나 가장 직접적인 요인은 교사의 능력 부족이라 할 수 있으며, 이는 교사 자신의 음악적 능력과 소양의 부족도 있겠으나 교사 양성과정에서 '악기다루기', '동작으로 표현하기', '음악듣기(감상)', '음악만들기(창작)'의 부분에 대한 충분한 학습과 실습기회를 갖지 못한데서 오는 자신감의 결여 또한 크게 작용하고 있다고 보여진다. 이러한 문제는 정책적인 문제와 교수 및 학생의 능력 문제 등을 포함한 여러 가지 요인이 결부되어 있으므로 앞으로 지속적으로 풀어야 할 과제이기도 하다.

유아음악교육의 내용은 이러한 다섯 가지 영역을 포함할 뿐 아니라 이러한 영역의 활동들이 각각 독립적으로 행하여지는 것이 아니라 영역 간 상호작용을 통하여 다양한 형태의 통합된 방식으로 행하여지는 것이 좋다. 이는 각 영역사이에 순환적인 상호작용이 활성화되어야 하므로 '균형과 조화의 원리', '순환의 원리'라고도 한다.

이에 대한 예를 들면, 만일 교사가 유아들과 노래부르기 활동을 하고자 할 때, 노래부르기에 앞서 유아들은 그 노래를 들으며 분위기를 느껴 보고 난후 교사와 함께 노래부르기를 하고, 그 과정에서 유아가 다루기 쉬운 우드블럭이나 리듬막대 등을 이용하여 박자를 치면서 노래를 익힌 후, 노래말에 어울리는 동작을 만들어 신체표현을 하며 노래부르기를 하고 이때 노래의 몇몇 부분에서 노래말을 변형하거나 빠르기를 변형하여 새롭게 불러보도록 하였다면 이러한 활동에는 '노래부르기', '악기다루기', '동작으로 표현하기', '음악듣기(감상)', '음악 만들기(창작)'의 다섯 영역이 통합되었다고 말할 수 있다.

다양성과 통합성을 위하여 교사가 너무 의도적으로 각 영역을 포함시켜 통합하고자 하면 자칫 활동이 형식적이 되어 매끄럽지 못하고 도리어 부자연스러울 수 있다. 통합성의 원리는 모든 활동에 반드시 음악교육의 다섯 영역이 동시에 작용해야 한다는 경직된 원리가 아니라, 그 활동이 가지는 특성에 따라 몇몇 영역을 자연스럽게 통합하여 활동하게 될 때 효과적인 활동이 될 수 있을 것이다.

## 4. 유아음악교육 교수-학습 방법

### 1) 유아음악교육의 내용 조직

유아음악교육의 영역은 '노래부르기', '악기다루기', '동작으로 표현하기', '음악듣기(감상)', '음악만들기(창작)'의 다섯 영역으로 나누어 질 수 있다. 유아음악교육의 내용은 이러한 다섯 가지 영역을 포함할 뿐 아니라, 이러한 활동들이 각각 독립적으로 행하여지는 것이 아니라 영역 간 상호작용을 통하여 다양한 형태의 통합된 방식으로 행하여지는 것이 좋다.

유아들은 분리하여 사고하거나 놀이하지 않는 특징을 지니며 그들의 경험은 상호 연결되어 나타나므로 이러한 통합적 접근은 유아교육자들이 선호하고 강조하는 부분이다(김영연, 1996). 유아음악교육에서 내용의 통합적 조직은 음악영역 내에서의 통합뿐 아니라 '예술영역 내에서의 통합', '학문적 교과 영역 내에서의 통합'으로 발전된다(김영연, 1999). 음악영역 내에서의 통합은 소리탐색 및 듣기, 노래부르기, 음악듣기, 악기다루기, 음악만들기 등의 내용들이 개별적으로 분리되어 경험되는 것이 아니라 통합적으로 연결되어 한 활동으로 경험되어지는 것을 말한다. 이러한 통합적 접근에 의한 유아음악교육의 내용 조직은 음악의 개념 및 음악 행위, 음악에 대한 태도를 종합적으로 다루며, 이는 음악적 개념과 원리의 이해를 위하여 중요한 의미를 지닌다(이홍수, 1990).

### 2) 유아음악교육의 교수-학습 원리

학습에 있어서 교사의 의사결정은 자신 뿐 아니라 유아들에게 지대한 영향을 미친다. 그러므로 교사는 학습의 내용과 방법을 선정하는데 있어서 명백한 논리적 근거를 가져야 한다. 유아의 음악활동은 음악이론이나 악보에 의지하는 것이 아니라 먼저 듣기로부터 시작되므로, 교사는 이를 염두에 두고 유아의 음악성 발달에 따라 내용을 선정하고 발달에 적합한 교수 방법을 선택하여야 한다. 또한 음악교육의 본질이 음의 미적 특질에 대한 이해를 돕고 이에 대한 반응력을 발달시킴으로써 인간의 감정을 훈련시키는 교육활동이라고 볼 때(김영연, 1996), 이것은 표현이라는 구체적인 행위를 통하여 표출되며 유아는 신체적·사회적 환경이 쾌적할 때 가장 잘 배우므로, 유아교사들은 유아를 위한 음악학습에 보다 개방적인 자세가 필요하다. 유아교육의 교수-학습 방법과 원리를 바탕으로 하여 유아음악교육의 교수-학습 원리를 생각해 볼 때 다음과 같이 여섯 가지로 요약될 수 있다.

### (1) 놀이학습의 원리

놀이는 그 자체에 흥미와 즐거움을 내포하고 있음으로 자발적 참여를 이끌어내기에 효과적이다. 그러므로 노래게임, 악기놀이, 리듬카드 놀이 등 다양한 음악게임을 통하여 유아가 활동에 흥미를 느끼고 능동적으로 참여할 수 있는 태도를 가질 수 있도록 해야 한다.

### (2) 개별화의 원리

유아는 타고난 음악성이 서로 다르고 그들의 관심과 흥미도 다르며 음악적 능력 또한 개인차가 있으므로, 유아음악 활동을 진행할 때는 유아의 연령과 발달수준에 따라 개인차를 고려해야 하며 각자의 개성이 존중되어야 한다. 그러므로 음악활동이 너무 획일적인 표현을 요구하거나 동일한 능력의 성취를 기대해서는 안 된다.

### (3) 탐구학습의 원리

유아들은 스스로 경험하고 탐색할 시간을 가지고 그들이 학습한 것을 반성(reflection)할 시간을 가질 때 가장 잘 학습한다(양옥승 외, 2001). 그러므로 유아가 느낌이나 생각을 표현하기 전에, 오감을 통하여 사물이나 현장을 직접 경험함으로써 스스로 인지하고 탐색할 수 있도록 돕는 것이 필요하다. 음악활동에 있어서도 교사 주도적인 학습이 아니라, 유아가 음악활동의 주도자로서의 역할을 하도록 해야 한다.

### (4) 다감각 · 다상징적 표현활동의 원리

유아는 아직 언어를 습득해 가는 과정에 있으므로 언어를 통하여 자신의 생각과 감정을 표현하는데 미숙하다. 신체표현, 음향 자료, 그림, 그림악보, 기호, 사진, 영상자료, 다양한 도구 등의 시청각 자료는 유아의 흥미와 욕구를 불러일으키고, 지적 자극과 이해를 돕는 유용한 자료일 뿐 아니라 유아로 하여금 음악, 신체표현, 조형미술, 극놀이 등의 시각적 · 청각적 · 촉각적 표현활동을 통하여 생각과 감정을 표현할 수 있도록 돕는다. 그러므로 교사는 획일적인 표현이나 기능 중심의 반복학습을 탈피하고, 창의적이고 다양한 방법의 구체적인 표현활동, 게임 등을 통한 통합적인 표상활동 중심의 음악활동과, 음악적 개념의 발달을 도모하는 교수-학습 방법을 모색해야 한다. 이러한 다양한 표현활동은 음악교육의 각 영역인 '노래부르기', '악기다루기', '동작으로 표현하기', '음악듣기(감상)', '음악만들기(창작)'를 통합할 수 있는 효과적인 방법이다.

통합은 최근 유아교육에서 가장 강조하고 있는 원리로서, 발달영역간의 통합, 교육내용과 교육활동 간의 통합, 유아의 과거 경험과 현재 및 미래 경험들 간의 통합, 유아교육기관과 가정, 지역사회와의 연계적인 음악교육 활동이 이루어지게 하는 프로젝트를 통한 다상징적 표현활동의 원리와 같은 맥락에서 음악적 표현활동을 진행하는 것이다.

### (5) 사회문화적 맥락의 고려

음악적 표현활동은 유아에게 의미 있는 맥락 안에서 이루어져야 한다. 유아의 경우에는, 자신이 관심 있어 하고 자신에게 의미 있는 것에 더 큰 흥미를 보이며 적극적으로 참여한다.

유아에게 의미 있는 것이란 그들의 사회문화적 맥락에서 찾아야 한다. 대부분의 유아들은 자신의 경험 밖의 일이나 친숙하지 않은 일과 사물과 사람들 보다는, 자신의 주변에서 흔히 일어나는 일이나 자신이 스스로 경험한 일, 일상생활 속에서 친숙한 사물이나 사람, 동물 등에 더 큰 관심을 보이고 친밀감을 가지게 되므로 이러한 것들은 유아에게 의미 있는 대상이다. 유아들의 사회문화적 맥락은 넓게는 그 나라의 정치·경제·사회·문화의 영향 아래 시대, 지역, 계층, 성, 연령, 가족 및 가정환경 등에 따라 서로 다르게 구성된다. 따라서 교사들은 음악적 표현활동에 있어서 각 유아가 속해있는 사회문화적 맥락을 이해하고 그 속에서 의미 있는 활동이 이루어지도록 노력해야 한다.

#### (6) 적절한 환경구성

유아를 위한 교수-학습 과정은 학습 환경과 밀접한 관계를 가진다. 유아 중심의 자발적이고 능동적인 학습 활동을 할 수 있도록 최적의 물리적 학습 환경을 구성하는 데 고려해야 할 기본 원리는 다음과 같다(박찬옥, 1999).

① 유아의 성장 발달단계에 알맞은 환경을 구성한다.
② 교육과정과 주제에 알맞게 환경을 구성한다.
③ 시설과 설비 및 교구들은 교육목표의 성취와 유아의 성장 발달에 도움을 줄 수 있어야 한다.
④ 유아에게 다양한 경험과 새로운 자극 및 흥미를 제공하고 유아가 자발적으로 선택하여 참여할 수 있도록 구성한다.
⑤ 유아의 건강과 안전을 보장해 주는 환경을 구성한다.

### 3) 유아음악교육의 교수-학습 방법

유아음악 활동은 독립적으로 계획된 활동 이외에 유아가 자발적으로 선택하여 이루어지는 자유선택 활동, 미리 계획되지 않은 것으로 일과 중 우연히 수시로 나타나는 우연한 음악활동으로 나누어 볼 수 있다. 이들 중 가장 구조적이고 의도적인 활동은 계획된 음악활동으로, 주로 대그룹으로 진행되며 다음과 같은 과정으로 전개된다.

### (1) 도입

도입과정은 유아로 하여금 활동에 흥미와 호기심을 가지도록 동기를 유발시키는 과정으로, 활동과 관련하여 유아의 이전경험을 연관시켜 이야기해 보거나 주제와 관련된 시청각 교수매체인 오디오, 영상자료, 실물 자료, 그림이나 사진 등을 이용하는 것이 효과적이다. 노래부르기 활동에서는 노래말을 전달하기 위하여 짧은 동화나 간단한 손인형극 등도 유용한 자료이다. 도입과정은 전개될 활동에 대하여 간단히 소개하는 과정이므로 시간은 너무 길지 않아야 하며 2~3분 정도가 적당하다.

### (2) 전개

실제 음악활동이 전개되는 부분으로 교사는 유아가 즐겁고 자유로운 분위기 속에서 충분한 자기표현과 음악적 경험이 이루어지도록 하여야 한다. 이를 위해 교사는 권위적이거나 교사 주도적인 학습을 지양하고, 적절한 상호작용을 통하여 유아의 활동에 적극 반응하고 그들을 격려하는 것이 필요하다. 교사는 이 과정에서도 교수매체를 적극 활용하여 직·간접적 체험과 감각적 경험을 통한 탐구와 이해를 도와야 한다.

유아의 표현기회와 직접적인 활동 참여 기회를 최대화하고, 활동 관련 질문이나 유아의 이야기를 적극 수용하여 그들의 창의적인 표현이나 독창적 사고에 대하여 격려하는 것이 필요하다.

### (3) 평가 및 마무리

활동을 마치면서 유아는 활동에 참여한 소감을 말해 보거나 활동 참여시 느낌을 말해 보고 활동내용에 대하여 구체적으로 평가해 보는 시간을 갖는 것이 필요하다. 교사는 유아가 활동에 대하여 평가할 수 있는 질문과 정보를 제공하고 함께 평가의 시간을 갖은 뒤 활동을 마무리한다.

### 4) 유아음악교육의 평가

유아음악교육에서 평가는 중요하지만, 음악이 상당히 주관적이며 측정하기 어려운 속성을 내포하고 있으므로 객관적으로 평가하기란 쉽지 않다(안재신, 1996). 그러나 유아음악교육의 평가는 음악교육 목표의 성취 정도와 교육목표에 따른 유아의 변화 과정을 파악하고 다음 활동에 필요한 기초 자료와 정보를 제공하기 위하여 필요하다.

유아의 음악활동에 대한 평가는 활동이 이루어지면서 수시로 형식적, 비형식적으로 이루어져야 한다. 개별적 유아에 대한 세심한 관찰 기록은 소집단이나 개별 활동을 계획하는 기초 자료로 사용되어야 한다. 음악활동은 소리로 진행되어 무형의 활동이 많으므로 이 경우 교사는 비디오나 오디오 테이프로 그들의 반응을 기록하는 것이 좋다. 할 수 있다면 그들의 음악적 반응을 악보화하고 노래의 경우 노래말을 함께 기록하면 좋다. 통합적 활동의 경우에도 사진이나 비디오 자료로 기록하여 다양한 평가 자료를 모으는 것이 중요하다. 이러한 비형식적 평가가 꾸준히 계속될 때, 유아의 음악적 발달과 유아의 선호, 음악적 태도 등을 파악할 수 있는 훌륭한 단서가 될 수 있다(김명순 · 조경자, 1998).

### 5) 교사의 역할

유아음악교육을 위하여 교사는 기본적으로 음악의 구성요소에 대한 올바른 이해와 유아의 음악적 발달에 대한 이해, 교수 방법에 대한 실천적 지식을 갖추어야 한다. 그러나 음악교육은 단순한 지식과 이해를 바탕으로 유아에게 이를 전달하는 활동이 아니므로, 무엇보다도 중요한 것은 먼저 교사 자신이 음악적이어야 한다는 것이다. 그러기 위하여 교사는 스스로 양질의 풍부한 음악경험을 통하여 음악을 즐기며, 음악에 대한 이해와 심미감을 기르고, 노래부르기를 비롯하여 음향기기 다루기, 악기 연주 방법 등에도 익숙해지도록 지속적으로 훈련하지 않으면 안 된다. 또한 교사의 음악교육철학은 수업의 목표와 내용,

교수−학습 방법을 결정짓는 근본이 되므로 교사의 음악교육철학의 정립은 중요하다.

학자들의 교사의 역할에 대한 제안을 정리하여 보면 다음과 같다(Eliason & Jenkins, 2003 ; 김인실, 2001 ; 김혜경, 1996 ; 심성경 외, 2003 ; 임혜정, 2004).

① 교사는 유아의 발달수준이나 행동특성에 관한 지식 뿐 아니라 기초 음악이론에 대한 지식을 갖추어야 한다.

② 계획한 활동이 유아의 흥미를 끄는 것은 선택된 자료나 환경, 특히 교사에 의해 고양되므로 교사 자신이 활동에 흥미를 가질 수 있어야 한다.

③ 교사는 유아의 음악활동을 돕기 위하여 기본적인 악기 연주 능력을 갖추어야 한다 노래부르기의 반주나 악기다루기에 있어서 기본이 되는 악기는 피아노이며, 교사는 간단한 반주 외에도 간단한 조옮김이나 즉흥 연주의 능력을 갖추면 좋다. 그러나 반드시 피아노가 최선의 악기라고 말할 수는 없다. 건반악기 중에서도 디지털 피아노나 좀더 간단한 전자 키보드는 다양한 음색 표현이 가능할 뿐 아니라, 메모리 기능이나 조옮김의 기능 등이 내장되어 있어 매우 실용적이며 악기 이동도 용이하고 경제적이다. 그 밖에도 기타는 반주악기로 매우 유용하며 피아노에 비하여 좀더 단기간에 간단한 반주가 가능하다. 또한 크로마하프나 하모니카 등도 반주가 가능한 악기이다. 교사는 반주 악기 이외에 트라이앵글, 탬버린, 캐스터네츠, 소고, 리듬막대, 마라카스, 우드블럭, 카바사 등 간단한 리듬악기 다루는 방법에 대하여도 익숙해야 하며 악기 활용법에 대한 지식과 경험을 갖추고 있어야 한다.

④ 교사는 유아의 음악적 참여와 표현을 격려할 수 있는 활동을 계획할 뿐 아니라, 창의적인 사고와 행동을 자극할 수 있는 교수 자료나 경험, 충분한 공간, 다양한 악기 등을 제공함으로써 적절한 음악환경을 제공하여야 한다.

⑤ 교사는 유아에게 다양한 참여기회를 제공할 뿐 아니라 표현의 자유를 보장하고 자유스런 분위기를 조성해 주어야 하며 유아들의 활동을 비판하지

말아야 한다.

⑥ 교사는 음악활동시 자신이 즐겁게 음악을 즐기는 모습, 노래말의 정확한 발음과 입모양, 얼굴표정, 악기다루는 태도, 적극적이고 유연한 신체표현 모습을 보여줄 수 있어야 한다.

⑦ 교사는 유아의 수준에 맞는 양질의 다양한 유아동요를 잘 알고 정확히 부를 수 있어야 한다.

⑧ 유아의 생활, 환경적 특성 및 연령이나 개인적 발달사항을 고려하여 균형 있고 체계적인 음악경험을 제공할 수 있어야 한다.

## 5. 유아음악 교육을 위한 환경구성

모든 사람은 음악적 존재이므로 음악성은 인간의 보편적 능력이며 모든 사람은 음악성을 발달시킬 수 있는 가능성을 지닌다(Blacking, 1997 ; Gembris, 2002 ; Gordon, 1990 ; Mursell, 1931). 특히 유아기는 음악적 감수성이 매우 빠른 속도로 발달하는 시기로, 연구에 의하면 음악적 감수성의 발달은 대체로 만 3세에 급격히 상승하여 만 8세 경에 정점에 이른다고 한다(유덕희, 1983 ; Gembris, 2002).

음악성은 태어날 때부터 각자가 지닌 유전적 요인도 있으나 환경을 통하여 음악을 경험하는 정도에 따라 그 능력의 발달 정도와 속도가 다르다(Gembris, 2002). Gardner(1983)는 다중지능이론(Multiple Intelligence Theory)을 통하여 음악지능은 모든 사람이 소유하고 있는 것으로 성장하면서 어떤 음악적 경험을 하느냐에 따라 개인차가 나타난다고 보았다. 그러므로 생득적으로 지니고 태어난 음악적 적성이 발달하는 데는 환경적 조건이나 교육이 영향을 미친다(Flohr, 1981 ; Holahan, 1983 ; Feierabend, 1984 ; Muhler, 1987 ; 이영옥, 1999, 재인용). 일반적으로 풍부한 음악적 환경에 놓여진 유아는 음악적 능력이 더 빠르게 발달된다(Gembris, 2002). 음악적 소질을 가지고 태어난다 하더라도, 환경과 교육에 의해 개발되지 않는다면 음악적 능력의 성장은 기대할 수 없으며 사장되고 말 것이다. 그러므로 적절한 환경과 교육을 통하여 그들의 음악성을 계발하고 그들의 음악적 능력을 최대한 향상시킬 수 있도록 도와야 한다는 것이다.

그러므로 유아기의 적극적이고 직접적인 음악적 경험은 중요하며, 이 시기의 유아들은 음악적 잠재력을 발달시킬 충분한 기회를 가져야 한다. 이러한 점에서 가정이나 유아교육기관을 포함한 지역사회에서 제공되는 음악적 환경이 어떠한가는 유아의 음악적 발달을 위하여 매우 중요한 부분이다. 그러므로 가정과 교육기관, 지역사회가 제공해야 하는 유아에게 바람직한 음악적 환경은 어떠한가에 대하여 아래에 제시해 보고자 한다.

### 1) 가 정

가정은 인간이 가장 먼저 경험하게 되는 환경이며 유아의 가장 많은 경험의 장이기도 하다. 유아는 가정 내에서의 다양한 경험을 통하여 인간관계의 기초를 배우고 사물에 대한 태도, 습관, 가치관 등을 기르게 되며 그들의 인격을 형성하게 된다. 그러므로 가정환경은 유아에게 있어서 그 어느 환경보다도 중요하다. 음악적 성장을 돕기 위한 가정의 바람직한 음악환경을 다음의 세 가지로 나누어 생각해 볼 수 있다.

첫째, 가정에서의 음악환경은 음향 기기나 악기를 구비하는 것 같은 물리적 환경 이전에 음악적 경험을 할 수 있는 분위기의 조성이 중요하다. 아무리 좋은 도구가 갖춰져 있다 하더라도 그것을 다루고 즐기기에 심리적 장애요소가 있다면 이를 충분히 활용할 수 없을 것이다. 그러므로 가정은 민주적이고 명랑하고 즐거운 분위기여야 한다.

둘째, 가족 구성원의 음악에 대한 관심과 음악적 분위기 조성이다. 가족 구성원의 음악에 대한 관심과 음악적 분위기 정도에 따라 유아는 자연스럽게 음악에 노출될 기회를 갖게 된다. 부모는 일상생활 중에 음악을 즐겨 듣거나 유아가 좋아하는 노래나 기악곡 등을 자주 들려줄 수 있다. 가정에서 음악을 자주 듣고 즐기는 경험은 음악을 보다 친근하게 느끼도록 해 준다. 이때 중요한 점은 유아가 즐기는 노래나 신나는 음악이라 하더라도 그것이 반드시 교육적인 것은 아니라는 점이다. 그러므로 부모는 의도하지 않는 중에라도(라디오나 TV 등에서 나오는 음악소리 등) 가정에서 들려지는 음악이 유아에게 비교육적인 것은 아닌지 분별을 할 필요가 있다. 비교육적인 음악은 유아의 정서를 해칠 뿐 아니라 음악적 발달에 손상을 줄 수 있다. 유아에게 교육적인 측면에서 적절한지 부적절한지에 대한 대략적인 구분에 있어서는 다음과 같은 측면을 생각해 볼 수 있다.

① 노래의 경우 가사는 유아가 이해할 만하고 유아 정서에 맞는가?

② 노래의 경우 가사는 비교육적인 내용을 포함하지 않는가?

③ 노래의 경우 가창자의 음정은 정확한가?

극단적인 경우의 예로, 대중가요의 장르 중 '랩'형식의 노래는 음정이 매우 부정확하여 이런 노래는 유아의 음감발달을 저해할 수 있다. '랩' 정도가 아니더라도 재미와 흥을 돋우기에 치중한 나머지 음정을 부정확하게 노래부르는 경우(예를 들면, 크리스마스 캐롤 중 연예인들이 다양하게 코믹하게 부르는 과정에서 음정의 정확도가 떨어지는 노래들이 종종 있음)의 노래들은 유아가 정확한 음감을 기르는데 장애를 가져올 수 있다.

④ 너무 리듬이 강렬하고 빠른 박으로 되어 있어 지나치게 흥분을 조장하는 곡은 아닌가?

⑤ 분위기가 어둡거나 무겁고 쓸쓸하여 유아의 정서에 부정적인 영향을 주는 곡은 아닌가?

⑥ 지나치게 성인들이 즐기는 대중음악의 창법으로 노래하거나 성인의 춤을 모방하는 영상자료는 아닌가?

⑦ 아무리 질적으로 문제가 없는 클래식 곡이라도 일부 교향곡처럼 곡이 너무 길어 지루함을 주지는 않는가?

그 외에 가정에서 음악적 분위기가 조성되려면 가족이 함께 노래부르는 기회를 갖거나 음악공연을 볼 기회를 갖는 것이 좋다. 또한 가족 중 악기를 다루는 사람이 있으면 자주 보고 듣는 기회를 가질 수 있으므로 좋다.

셋째, 물리적 환경으로써 유아가 다룰 수 있는 다양한 악기 및 음향기기 등이 구비될 때, 이를 통하여 소리를 실험하고 소리를 만들어 내고 듣는 과정은 유아의 음악적 감수성을 발달시킨다.

가정에서의 음악적 경험을 위한 기기는 TV, 오디오, 녹음기, 비디오, 컴퓨터 등이 있을 수 있으며, 악기로는 피아노, 디지털피아노, 전자키보드, 실로폰, 리코더, 멜로디언, 기타 등의 가락악기와 캐스터네츠, 탬버린, 마라카스, 우드블럭, 리듬막대, 방울, 트라이앵글 등 유아가 손쉽게 다룰 수 있는 리듬악기가 있다. 가정에 비치된 악기는 반드시 유아가 연주할 수 있다는 악기의 개념을 가지기보다는, 단순히 소리를 실험하는 도구로서 소리탐색을 위한 좋은 재료가 되므로 관리와 안전성에 문제가 없다면 위에서 열거한 악기 외의 어느 악기라도 가능하며 악기 외에 소리나는 어떤 물체라도 유용할 수 있다.

또한 다양한 새로운 경험을 제공하기 위하여 구하기 쉬운 주변의 소리나는 물체, 예를 들면 플라스틱병, 도마와 두드릴 수 있는 물체, 플라스틱 절구, 유아가 손에 쥐고 맞부딪쳐 소리낼 수 있는 두 개의 종이상자 등을 수집하여 주기적으로, 소리나는 물체를 교체하여 놀이도구와 함께 놓아주면 다양한 소리탐색을 위하여 효과적이다. 혹은 간단한 방법으로 폐품을 이용하여 소리나는 장난감을 만들어 줄 수 있다. 예를 들면, 플라스틱 야쿠르트병 여러 개를 깨끗이 씻어 말려 그 속에 콩이나 클립, 쌀, 모래, 단추 등 서로 다른 소리나는 재료를 넣고 입구를 테이프로 봉하여 유아로 하여금 흔들어 보도록 하면, 다양한 소리탐색을 위한 좋은 도구가 될 수 있다. 이때 유아에게 유해한 물건이나 비교육적인 것은 피한다.

### 2) 교육기관

유아교육기관의 음악환경은 흥미영역으로서의 음악영역을 구성하는 것이 중심이다. 유아교육기관에서 음악영역은 동작표현을 함께 할 수 있는 공간으로서 음률영역이라는 명칭으로도 사용되고 있다. 음악영역은 노래부르기를 비롯하여 악기다루기, 음악듣기, 음악만들기, 음률활동 등이 가능한 공간이어야 하므로 이를 위하여 몇 가지 조건이 충족되어야 한다.

첫째, 음악영역은 소리가 발생되는 곳이므로 다른 영역에서의 유아들의 활동에 지장을 초래하지 않아야 하며, 동시에 소리를 듣는 곳이므로 다른 영역의 소음으로부터 보호되어야 할 필요가 있다. 여건상 불가능한 상황이라 하더라도 이러한 불편을 최소화하도록 노력해야 한다. 이를 위하여 가장 좋은 공간의 배치는 다른 영역의 활동과는 분리된 별도의 독립된 공간이 마련되는 것이다. 예를 들면, 본 교실에서 미닫이 유리문을 통과하여 별도의 음악활동 영역을 가질 수 있으면 좋다. 그러나 이것이 용이하지 않은 경우에는 도서영역처럼 조용한 곳을 피하고 활동성이 높은 블록놀이나 소꿉놀이와 근접한 곳에 교구장이나 칸막이 등을 이용하여 공간을 만들 수 있다.

둘째, 음악영역은 자유로운 소리 탐색활동과 음률활동이 가능하여야 하므로 이를 위한 충분한 공간이 확보되어야 한다. 그러나 대부분의 유아교육기관에서 음악영역은 교실의 여러 다른 영역들과 함께 배치되다 보면 충분한 공간을 확보하지 못하는 것이 사실이다. 음악영역에서의 유아들의 노래부르기나 악기다루기, 음률활동 등은 개별활동 보다는 집단 활동으로 이루어지는 경우가 많으므로 음악영역의 공간은 넓을수록 좋다. 또한 바닥에는 악기를 떨어뜨렸을 때 파손을 줄이고 소음을 방지하기 위해 카펫을 깔아주면 좋다.

셋째, 음악영역에는 다양한 악기와 음악활동 전개를 위한 교수자료 및 기자재를 구비하여야 한다. 악기는 유아들이 손쉽게 이용할 수 있도록 잘 보이는 곳에 정돈하여 두고 북이나 징처럼 무거운 것은 낮은 곳에 정리한다. 건반 악기로는 규모가 크고 볼륨조절이 불가능한 피아노 보다는 배치와 이동이 용이하고 인위적인 볼륨 조절 및 헤드폰 사용이 가능한 디지털피아노나 전자키보드 등이 더 유용하다. 그밖에 실로폰이나 멜로디언, 리코더, 하모니카 등이 있으며, 리듬악기로는 큰북, 작은북, 심벌즈, 캐스터네츠, 더블캐스터네츠, 탬버린, 막대탬버린, 마라카스, 우드블록, 리듬막대, 방울, 트라이앵글, 카바사, 기로 등이 있다. 또한 국악기로서 소고, 북, 장구, 꽹과리, 징 등이 있으며 핸드벨은 표면에 도 레 미 등의 해당 악기의 계이름을 써서 붙여 주면 좋다. 유아가 정확하게 연주할 수 없는 악기라 하더라도 유아는 두드려 보고 소리탐색하는 것만으로도 좋은 음악적 경험이 될 수 있다. 이외에 악기는 아니지만 다양한 소리나는 물체나 폐품을 이용한 소리나는 물체 등도 좋은 교구가 된다. 교수자료로는 다양한 음악 테이프나 음악관련 책, 그림 악보, 그림건반, 다양한 악기사진, 노래 가사집, 녹음할 수 있는 공 테이프 등을 들 수 있다. 기자재로는 유아가 작동 가능한 소형 녹음기, 헤드폰, 오디오 등이 있으며 교사는 유아들에게 기자재 다루는 방법에 대하여 자세히 설명해 주어야 한다. 악기나 교수자료는 주기적으로 교체하여 유아들이 새로운 경험을 할 수 있도록 배려해야 한다. 교수자료 중 여러 가지 음악활동에 대한 사진자료(연주자나 지휘자 등의 사진 등)는 음악영역의 벽면에 붙여 주면 좋다.

### 3) 지역사회

지역사회는 유아에게 음악적 경험을 제공하는 또 하나의 장이다. 더욱이 최근 들어 교육기관과 지역사회와의 통합적인 연계활동에 대한 필요성에 대한 인식이 고조되고 있다. 특히 음악과 같이 전문성이 요구되는 분야는 전문단체나 전문 인력을 지원받거나 그들의 행사에 직접 참여함으로써, 유아의 음악적 경험의 폭을 넓히고 음악적 성장을 가져올 수 있는 좋은 기회를 얻게 된다.

유아교육기관과 지역사회는 상호보완적 협력관계에 있다. 유아교육기관은 유아들의 보호와 교육을 통하여 지역사회에 기여하고, 지역사회는 인적, 물적 자원을 활용할 수 있도록 협조함으로써 유아교육의 질적 향상과 시설의 원만한 운영과 발전에 도움을 줄 수 있다.

지역사회의 음악적 환경을 활용하는 방법으로 몇 가지를 살펴보고자 한다.

첫째, 지역의 교육기관의 음악행사 및 지역단체나 연주단체 등의 각종 음악관련 행사에 참여할 수 있다. 가장 좋은 것은 타 유아교육기관의 음악행사에 참여하는 것으로, 이것은 같은 연령을 대상으로 한다는 점에서 더욱 바람직하다. 또한 초등학교의 행사도 권장할 만하며 특히 저학년 행사는 유치원과의 연계성의 측면에서 볼 때 바람직하다. 지역단체의 음악행사나 연주단체의 연주의 경우, 아무리 유익한 행사라도 유아가 참여하여 도리어 연주에 지장을 초래하지는 않는지를 우선 고려해야 하며 유아의 수준과 발달에 적합한 행사인지를 생각해야 한다. 음악관련 행사라도 너무 늦은 밤까지 진행되는 야외행사는 적합하지 않으며 성인을 대상으로 하는 음악행사도 부적절하다. 오랜 시간이 소요되는 행사나 유아에게 난해하고 지루한 교향곡 전 악장 연주 등의 형태는 부적절하다고 볼 수 있다.

둘째, 지역사회의 음악자료나 관람물 등을 이용하거나 공연장을 견학한다. 지역의 공공도서관이나 박물관, 음악관련 단체 등의 음악관련 자료를 대여하여 활용하거나 각종 악기, 음악관련 기기 등을 돌아볼 수 있다면 좋은 경험이 될 것이며, 음악관련 영상물을 대여하여 유아들에게 활용할 수도 있다. 가까운 곳에 음악 공연장이 있다면 공연장의 내부와 무대장치, 분장실과 대기실 등을 견학하는 것도 좋으며, 특히 연주자에게 방해가 되지 않는다면 리허설 장면을 직접 보는 것도 색다르며 흔치 않은 경험으로써 매우 좋은 학습이 될 수 있다.

셋째, 지역의 인적 자원을 최대한 활용한다. 지역의 음악 인적 자원 중 가장 쉽게 도움을 구할 수 있는 이는 학부모이다. 유아의 부모나 가까운 친척 중에 음악인이 있다면 직접 초청하여 그의 연주를 실제로 맛보거나 간단한 것을 배울 수 있는 기회도 가질 수 있다. 음악인의 전공과 배경이 다르면 다를수록 다양한 경험을 제공할 수 있다. 예를 들면, 국악인과 양악인, 각종 악기 전공자와 성악전공자, 클래식 전문가와 재즈 전문가, 사물놀이패 등을 생각해 볼 수 있다.

## 6. 음악교육가

### 1) 코다이

#### (1) 코다이의 음악교육의 목적

코다이(Zoltan Kodály, 1982-1967, 헝가리)의 음악교육철학은 음악교육을 통하여 모든 아동이 음악을 읽고 쓸 수 있는 능력을 길러 주어, 음악성을 계발하고 이를 바탕으로 개개인이 음악을 통하여 창조적이고 인간적이며 풍부한 삶을 영위할 수 있도록 하며, 나아가 바람직한 민족 문화를 창건할 수 있도록 이끌어야 한다는 것이다. 그가 지향하는 음악교육의 목적은 다음과 같이 요약된다.

① 말하기, 신체표현, 노래부르기, 노래게임 등을 통하여 흐름결의 감각을 기르고, 듣고 부르기와 보고 부르기를 통하여 가락에 대한 감각을 기름으로써 아동의 타고난 음악성을 최대한 계발한다.
② 독보와 기보능력을 길러 음악적 언어를 이해하고 사용할 수 있도록 하며, 마음으로 노래부르기와 손신호 학습을 통하여 내청력(inner hearing ability)을 기른다.
③ 익숙한 노래를 바탕으로 흐름결 및 가락을 즉흥적으로 만들어 표현하는 능력을 기른다.
④ 민요와 예술가곡을 통하여 음악의 형식을 이해하게 하고 음악적 문화유산을 이해하게 한다.
⑤ 위대한 예술작품을 감상하고 연주하고 분석·연구함으로써 음악을 이해하고 사랑하는 마음을 갖도록 한다.

### (2) Kodály의 음악교육 철학과 원리

Kodály가 음악 지도 전반에 걸쳐 적용한 원리는 '음악의 모든 요소 개념과 기능을 체계적으로 조직하고 그것을 아동들의 신체적·음악적 성장단계에 비추어 적절한 시기에 체험하도록 제공하는 것'이었다. 이로써 그는 아동의 성장단계를 고려한 체계적인 학습원리를 바탕으로 하는 음악교육을 실현함으로써 매우 교육적이고 합리적이라는 평가를 받아왔다. Kodály Method는 약 60여 년에 걸친 Kodály와 그의 동료 및 제제들의 결실로 Kodály의 음악교육 철학은 다음과 같이 정리할 수 있다.

1 음악교육의 보편성(음악은 모든 유아의 것이다)

그는 음악은 소수 상류계층의 전유물이 아니라 모든 사람의 것이어야 한다고 주장하였다. 그러므로 그는 헝가리의 모든 아동들에게 독보와 기보 능력을 길러 주는데 힘썼으며 새로운 시창 지도 방법을 창안하였다.

2 음악교육의 당위성(독보, 기보 및 음악 감상 등의 참다운 음악지식은 만인의 권리이다).

문맹이 퇴치되어야 문화수준이 향상될 수 있듯이 그는 음악적 무식이 불식되어야 음악문화가 고도로 발달될 수 있다고 믿었다. 음악은 인류문화의 불가결한 부분이며 음악적 요소를 결여한 인간의 교양은 불완전한 것으로 보았다.

3 조기교육의 필요성(음악학습은 조기에 시작되어야 한다)

Kodály는 몇 세에 음악교육을 시작해야 하는가라는 질문에 "태어나기 아홉 달 전부터"라고 답하였다. 그는 아동은 취학 전 시기에 이미 음악적 영향을 많이 받기 때문에 학교에서 음악교육을 시작하는 것은 너무 늦으며 만일 유아기에 이러한 음악교육의 기회를 갖지 못한다면 음악적으로는 운명에 손상을 입는 셈이며 이는 평생토록 회복하지 못한다고 하였다. 그는 특히 "세살부터 일곱 살까지가 음악교육에 있어서 가장 중요한 시기"라고 보았다.

4 성악교육의 우선성(음악학습은 유아의 생래적 악기인 목소리(노래부르기)로 시작되어야 한다)

그는 목소리는 모든 사람에게 주어진 자연적인 악기이며 노래를 부르고 싶은 것은 정상적인 사람에게 있어서 자연스런 욕구라고 보았다. 그러므로 유아음악교육은 처음에는 노래부르기로 시작되어야 효과적이라고 보았으며 특히 독창보다 함께 부르는 합창을 강조하였다.

5 민요와 모국어와의 긴밀성(음악언어는 모국어를 배우듯이 익혀야 한다)

영아가 처음 말을 배울 때는 엄마의 말을 그대로 모방함으로 시작되듯이 그는 음악도 음악적 모국어인 엄마의 민요를 따라 익힘으로써 자연스럽게 배움이 시작된다고 보았다.

⑥ 민요의 가치성

한 민족이 가지고 있는 민요와 예술가곡이라는 문화유산은 음악학습을 시작해야 할 자연스러운 발판이 된다.

⑦ 음악경험의 일상성

음악은 유아에게 일상적인 경험이어야 한다.

⑧ 음악교재의 선별성

유아를 위한 음악교육에는 반드시 양질의 음악만 사용되어야 한다.

⑨ 유아교사의 음악적 자질 및 사명성

영아기부터 주도면밀하게 훈련된 사람만이 훌륭한 음악교사가 될 수 있다.

### (3) Kodály의 음악지도법

① 음가 음절에 의한 흐름결 지도

이것은 기본박의 길이를 기준으로 하여 음표 및 쉼표의 길이를 파악하고 표현하는 학습과 흐름결 꼴을 익히는 학습을 통하여 이루어진다. Kodály의 리듬 기보법은 아래와 같으며 그는 음표들의 결합을 통한 간단한 리듬패턴을 만들어 이를 리듬음절을 사용하여 영창조로 읽도록 하였다.

코다이 리듬기보법 및 코다이 리듬음절

| 리듬 기보법 | ♩ | ♫ | ♩ ♪ | 𝅗𝅥 | ♪♪♪ | ♪ ♬ | ♬ ♪ | ♪♪♪♪ |
|---|---|---|---|---|---|---|---|---|
| 리듬 음절 | ta | ti, ti | ta, ti | ta-a | tri-ple-ti | ti, ti-ri | ti-ri, ti | ti-di-ti-di |

② 계이름으로 노래부르기 지도

Kodály에게 있어서 계이름으로 노래부르기는 음악을 읽고 쓰는 기초로서 매우 중요시되었다. 그는 노래를 부르는데 있어서 고정도법 보다는 이동도법(moveable-do system)이 더 수월하다고 보아 계이름의 첫 자를 사용하여 어린 연령에서도 계명창이 가능하도록 지도하였다.

코다이 기보 및 음절의 예

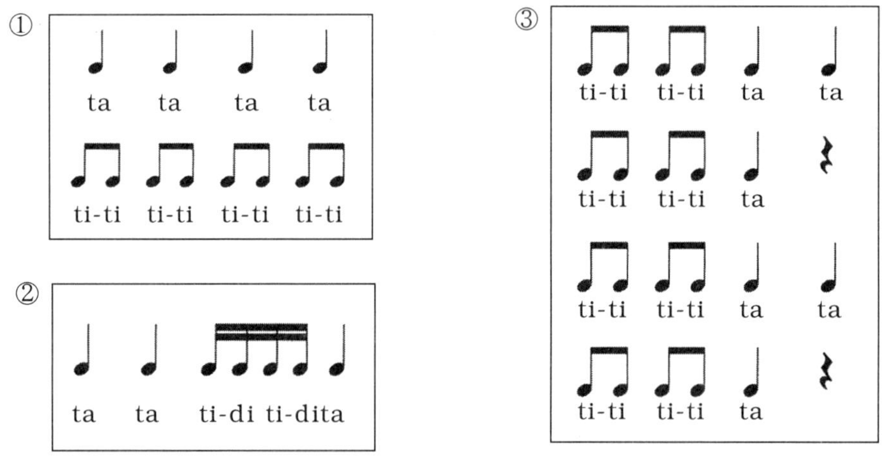


### 3 손신호 방법과 계이름으로 부르기의 병행

Kodály는 가락의 지도에서 손신호 방법을 사용함으로써 계이름으로 부르는 능력과 내청 능력을 동시에 기르고자 하였다. 이 방법은 가락을 공간 속에서 표현한다는 특별한 의미를 가진다. 손의 위치와 모양, 시간 안에서 이것의 변화에 따라 음의 높이와 길이까지도 나타내는 이러한 손신호의 체험은 가락의 흐름결을 이루는 각 음과 악보의 상징성의 인식을 돕는다. 또한 손신호를 보면서 실제 소리 없이도 소리를 떠올리는 내청 능력이 향상될 수 있다.

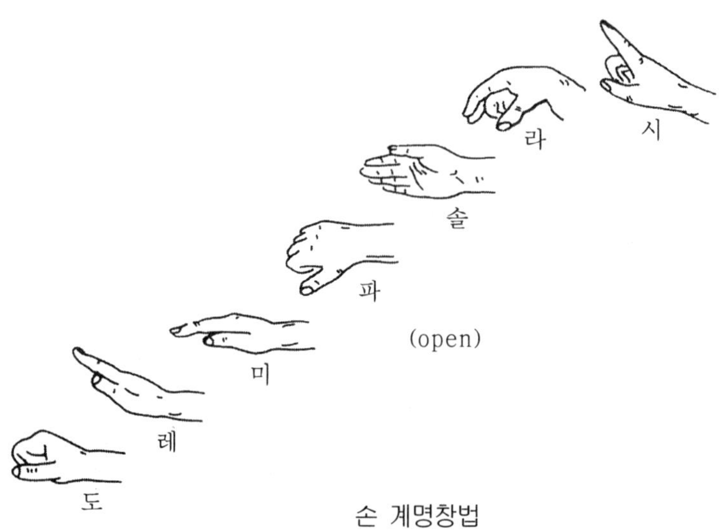


손 계명창법

## 2) 달크로즈

달크로즈(Emile Jaques Dalcroze, 1865-1950, 스위스)는 스위스의 작곡가 겸 지휘자이며 피아니스트였으나 음악교육자로서 더 큰 명성을 떨쳤다. 그는 인간은 태어나면서 신체적으로 음악적 리듬을 타고난다고 여겨 아동의 음악적 잠재력을 최대로 개발하고 발전시키기 위하여 음악과 신체표현의 절대적 결합이 있어야 한다고 주장하였다. 그가 제시한 음악지도 방법으로는 신체적 동작을 통해 리듬감을 체득하는 유리드믹스(Eurhythmics), 음을 정확하게 내고 예민하게 듣는 연습인 솔페이지(solfege), 자유스런 창작능력 개발을 위한 즉흥연주(improvisation)가 있다. 그의 음악교육 방법론은 1910년 한 실업가의 도움으로 독일의 헬레라우에 학교를 설립하면서부터 1차 세계대전 후 스위스 제네바에 달크로즈 음악원을 설립하면서 유럽과 미국, 일본 등에 알려지게 되었다.

### (1) Dalcroze의 음악교육의 목적

그는 인간의 집중성, 반사성, 심신의 융화, 기억력 등을 신장시키는데 음악이 효과적이라고 보았으며, 이상적인 인간 형성을 위하여 음악교육이 필요하다고 보았다. 그는 효과적인 음악교육이란 어려서부터 들어서 익숙한 가락을 적절한 신체표현을 통하여 훈련시킴으로써 청감각을 발달시키고, 발달된 미적 감각을 궁극적으로는 정확한 연주로 이어주는 과정이라고 보았다.

### (2) Dalcroze의 음악교육 철학과 원리

그는 음악의 원천은 인간의 감정이며, 우리 몸의 각 부분은 이를 감지하여 몸의 움직임으로 표현하게 되는데 이는 근육의 긴장과 이완작용의 결과라고 보았다. 따라서 달크로즈는 음악예술의 기초는 인간의 감정이며, 아동이 음악을 이해하도록 하기 위하여 귀나 마음의 훈련이나 소리 내는 법의 훈련만으로 충분하지 않고 몸 전체를 훈련해야 한다고 보았다. 즉, 음악을 공부하기 위해 가장 먼저 연습해야 할 악기는 신체라고 보았다. 그의 음악교육 철학과 원리는 다음과 같다.

① 음악은 지적이기 이전에 감각적이어야 한다.
② 음악적 생각이나 느낌은 신체를 통하여 표현되어야 하고 신체의 주된 부분인 감각기관의 발달을 꾀하는 것이 중요하다.
③ 듣기훈련이 모든 음악학습에 있어서 우선되어야 한다.
④ 개개인의 개성과 독창성은 극히 중시되어야 한다.
⑤ 아동의 음악적 경험은 단계적으로 이루어져야 한다. 그러므로 리듬경험과 청각훈련이 이루어진 후에 악기연주를 배우는 것이 좋다.
⑥ 음악의 기본요소(리듬, 가락, 화음, 셈여림, 형식 등)에 대한 이해는 신체표현을 통하여 이루어지는 것이 좋다.

### (3) Dalcroze 음악지도법

#### 1 유리드믹스(Eurhythmics)

유리드믹스(Eurhythmics)란 Eu(good)와 rhythm을 결합한 것으로 이는 음악에서 느껴지는 이미지나 아이디어를 몸짓으로 표현해 낼 수 있도록 명확한 리듬의 표현을 위한 빠르기, 박자, 장단, 셈여림, 음색 등에 신체가 민감하게 반응하는 것을 말한다. 달크로즈는 몸을 하나의 악기로 보고 아동으로 하여금 신체동작을 통해 음악을 표현함으로써 여러 가지 음악적 개념을 형성하도록 이끈다.

#### 2 솔페이지(solfege)

이는 계이름으로 부르기로 아동은 솔페이지를 통하여 음의 높낮이를 분별하고 음들 간의 관계를 파악하게 된다. Dalcroze는 솔페이지를 통하여 내청(inner hearing)과 음형(tonal pattern)의 기억능력이 발달된다고 보아 기보법을 배우기 전에 솔페이지 활동이 먼저 이루어져야 한다고 주장하였다. 음악교육에 있어서 바람직한 절차는, 음악을 듣고 그에 따른 신체반응을 해보고 소리 내는 과정의 활동을 거친 뒤 악보 읽기와 적기가 도입되어야 한다고 보았다. 특히 어린 연령의 유아에게는 솔페이지 활동시 음의 높낮이에 따라 동작을 결합시켜 쉽게 이해하도록 하였다.

Dalcroze는 고정도법(fixed do－조성에 관계없이 C음을 항상 '도'로 읽는 방법)에 의한 보고 부르기 방법을 권장하였으며 이는 절대음감을 습득하게 하고자 한 것이다.

③ 즉흥연주

즉흥연주는 표현하고자 하는 의도를 목소리와 동작, 악기 등을 이용하여 음악적으로 나타내는 창의적인 표현의 과정이다. Dalcroze는 즉흥연주를 위하여 피아노가 가장 손쉽고 유용한 악기라고 보았다. 이는 피아노가 음역이 넓어 다양한 음역의 소리를 만들어 낼 수 있으며 동시에 여러 음을 결합시킬 수 있으며 비교적 소리내기 용이한 악기이기 때문인 것으로 여겨진다.

그는 즉흥연주에서 교사의 역할을 강조하여 즉흥연주를 위하여 교사가 아동의 음악적 표현을 유도하고 충동을 이끌어 내는 것이 중요하다고 보았다. 그러한 방법으로는 교사가 먼저 즉흥연주를 시작하여 아동이 그 다음을 연결하는 방식이나 이와 유사한 방식의 노래 게임 등을 들 수 있다.

### 3) 오르프

#### (1) Orff의 음악교육의 목적

오르프(Carl Orff, 1895-1982, 독일)의 음악교육 목적은 모든 아동으로 하여금 직접적이고 종합적인 음악체험을 통해서 음악미를 감득하게 하고 자기 표현을 위한 음악적 능력을 기르게 하는데 있다. 특히 아래와 같은 체험의 기회를 제공함으로써 폭넓은 음악능력을 향상시키는데 중점을 두고 있다.

① 초보적인 합주활동을 통하여 흐름결과 음, 형식 등에 대한 감각과 창의적이고 즉흥적인 표현 능력, 악기연주의 기능을 계발한다.

② 모든 아동은 개인, 혹은 합주부의 일원으로서 음악을 통하여 자신을 표현하는 방법을 발견하게 한다.

③ 언어, 노래, 동작 악기연주 등이 상호 연결되는 통합적인 활동을 통하여 자연스럽게 음악의 본질에 접근하게 한다.

④ 몸으로 음악을 경험함으로써 음악의 요소를 체득하고 음악에 대한 예민한 감각을 가지도록 한다.

⑤ 자유로운 신체표현과 즉흥연주를 통하여 운동에 대한 인식과 음악적 상상력, 즉흥성을 자극한다.

### (2) Orff의 음악교육 철학과 원리

Orff의 철학은 '음악은 모든 아동의 것'이라는 것과 '음악교육은 기초적인 음악을 통해서'이다. 기초적인 음악이란 쉽고 자연스러우며 거의 신체활동에 가까울 만큼 음악과 신체활동이 밀접히 연결된 것으로 누구나 배우고 즐길 수 있는 그런 음악을 말한다. Orff의 음악교육 철학과 원리를 정리하면 다음과 같다.

① 음악은 모든 아동을 위한 것이다.
재능을 가진 자들만을 위한 것이 아니라 모든 사람이 즐기기 위한 것이다.

② 음악은 직접적인 경험이어야 한다.
음악에 관해 배우는 것이 아니라 직접 실행하는 것이 중요하다.

③ 음악체험은 어릴 때 시작해야 하며 놀이를 하듯 시작하여 점차 복잡한 과정을 거쳐 아동의 나이 수준까지 이끌어 주어야 한다.

④ 음악체험은 적극적인 참여를 통하여 이루어진다.

⑤ 음악은 기초적인 것이어야 한다.
기초적인 음악이란 쉽고 자연스러우며 거의 신체활동에 가까울 만큼 음악과 신체활동이 밀접히 연결된 것으로 누구나 배우고 즐길 수 있는 그런 음악을 말한다.

⑥ 음악은 놀이와 대화, 노래, 신체동작, 악기연주 등이 통합되어 이루어지는 하나의 총체적 경험이어야 한다.

⑦ 흐름결과 가락이 음악의 출발점이다.
흐름결과 가락은 음악을 이루는 기본적인 힘이며 흐름결은 말의 형태로부터 나온 것이고, 가락은 그 흐름결의 형태로부터 발전된 것으로 흐름결은

가락보다 더 강력한 음악의 요소이다.

⑧ 비음악적인 아동은 없다.

전혀 음악적이지 않은 아동은 없다.

### (3) Orff의 음악지도법

1 말하기

가장 자연스러운 음악체험의 과정은 말하기로 시작하여 손뼉치기, 무릎치기 등으로 말의 흐름결을 표현하고 다음에 악기로 그 흐름결을 연주하도록 하는 등의 연속적인 체험이다. 그러므로 흐름결을 표현하는 방식의 말하기 경험은 매우 유용하다.

2 노래부르기와 악기다루기

노래부르기는 말하기와 결합되어 상호 보완된다. 말의 흐름결 학습에 이어서 그 말로 노래 만들어 부르기를 함으로써 흐름결로부터 가락이 발생하도록 이끌고 있다. 음정지도는 가장 단순한 음정관계(하행하는 솔－미 음정에, 라, 레, 도 음정을 차례로 첨가하고, 파와 시는 나중에 첨가한다)로부터 시작하는 것이 좋다. 그러므로 도, 레, 미, 솔, 라의 5음계는 반음을 포함하지 않아 노래부르기 쉽고 어느 음과 함께 울려도 심한 불협화음을 초래하지 않으므로 즉흥연주에도 적절하다.

## 4) 고 든

### (1) Gordon의 음악교육의 목적

고든(Edwin Gordon, 1927-, 미국)은 음악을 진정으로 즐기고 이해함으로써 풍요로운 삶을 영위하도록 하는데 음악교육의 목적이 있다고 보았다. 언어가 인간 발달에 기본적인 것처럼 음악도 그러하다고 보았으며, 유아는 음악을 통하여 자신과 외부세계와 삶을 통찰하게 된다고 보았다. 유아는 자라서 음악을 듣고 이해하고 사랑하고 표현함으로써 그들의 삶이 더욱 풍요로워지며 의미를 갖게 될 것이라고 보았다.

### (2) Gordon의 음악지도법의 음악교육 철학과 원리

Gordon은 음악교육의 목표를 음악을 즐기고 이해하는 것에 두고 이러한 목표는 오디에이션(Audiation) 능력 없이는 달성하기 어렵다고 보았다. 오디에이션은 그가 인간이 언어를 배우는 과정과 음악을 배우는 과정 간에 인지적 공통점이 있다는 생각에 근거하여 1973년에 고안해 낸 것으로, Brown이 말을 듣고 이해하는 과정을 '오디(Audi)'라고 한데서 유래된 것이다. 그의 음악교육 철학은 다음과 같이 요약된다.

① 음악교육은 음악을 이해하고 즐기는 능력을 기르는 것이며 이를 위해서는 반드시 오디에이션 능력이 필요하다.
② 음악을 배우는 과정은 언어를 습득하는 과정과 유사하여 음악을 감상하고 연주해 보는 충분한 경험이 없이는 음악을 통한 자기 표현력을 기르는 것이 불가능하다.
③ 음악교육은 어릴 때 시작하는 것이 좋고 빠를수록 좋다.

### (3) Gordon의 음악지도법

Gordon에 의하면 유아기는 음악적 발달의 기초를 형성하는 결정적 시기이며 특히 출생부터 5세까지의 음악적 경험은 이후의 음악에 대한 이해와 성취에 큰 영향을 미친다. 그의 음악학습은 오디에이션 능력의 개발에 목표를 둔다.

#### 1 오디에이션

오디에이션은 실제로 들리지 않는 음악을 상상하여 마음 속으로 듣고 이해하는 과정, 즉 내청을 의미한다. Gordon은 오디에이션을 듣기를 통한 오디에이션, 읽기를 통한 오디에이션, 쓰기를 통한 오디에이션, 회상하기와 연주하기를 통한 오디에이션, 회상하기와 쓰기를 통한 오디에이션, 창작하기와 즉흥연주를 통한 오디에이션, 창작과 즉흥연주곡의 읽기를 통한 오디에이션 , 창작과 즉흥연주곡의 쓰기를 통한 오디에이션의 8가지 형태로 구분하였다.

2 음악학습 과정

그는 음악학습 과정에서 리듬과 음정을 분리하여 리듬이 없는 음정패턴과 음정이 없는 리듬패턴을 사용하였다. 이때 교사는 각각의 개인차를 고려하여 각 학습자에게 적합한 리듬과 음정패턴을 선택하여 제시하여야 한다. 그는 오디에이션 능력을 기르는데 있어서 개별적인 연주경험을 중시하여, 한 학습자가 연주하면 다른 학습자에게 이를 듣는 기회를 주도록 하였다.

## 7. 음악의 기초 이론

### 1) 음악의 정의

#### (1) 음악의 정의

음악이란 음에 의한 예술이다. 이 무한한 가능성을 가진 여러 음들 속에서 그때 그때의 사회나 또는 민족에 따라 필요한 음이 선택되고 배합되어 음조직이 만들어지고 이러한 음들을 소재로 하여 음악이 만들어지는 것이다.

페티스는 "음악이란 음의 배합에 의하여 사람의 감정을 감동시키는 예술이다"라고 정의하고 있다. 즉, 음악이란 무의미한 음의 나열이 아닌 어떠한 느낌을 일으키게 함으로써 예술로서의 음악으로 태어나게 된다. 그러므로 거기에는 인간의 사상이나 감정이 표현되어 있어야 하며, 이것이 한정된 시간 안에서 소리로 나타나야만 되는 것이다. 회화나 조각이 공간적 예술임에 반하여, 음악을 시간적 예술이라고 하는 이유도 바로 여기에 있는 것이다.

언뜻 생각하기에는 물체의 진동이나 공중의 전파도 음악이라고 할 수 있을 것 같으나, 음악 감상의 대상은 반드시 시간적으로 배열되는 음의 변화이어야 하기 때문에 이들이 음의 예술이 될 수는 없다.

이를 회화와 비교한다면, 시간은 화면에 해당될 것이요, 음은 점과 비교될 수 있다. 점이 움직여서 선이 되듯이 음이 움직여서 멜로디가 된다. 또한 미술에서의 색채는 음빛깔에 해당되며, 색채의 농도는 셈여림에 비할 수 있다.

### (2) 음의 발생

어떤 물체에 힘을 가하면 물체가 진동을 하게 된다. 진동을 하는 물체는 공기 중에 음파를 생성하여 외부로 전파시키는데, 이것을 음이라 한다.

물체의 진동에 의하여 발생한 진동파장은 공기를 통하여 우리 귀에 전달된 후 두뇌 인식을 통하여 감지된다. 진원지를 출발한 소리파장은 여러 가지 모양의 복합된 진동파장으로 구성되어 있는데, 이 상태가 마치 바다의 표면에서 볼 수 있는 파도와 유사하다. 파도가 바닷가로 밀려들어 올 때에 각각의 파도가 세기와 모양이 다른 것처럼, 음파가 공기 중에 퍼져 나갈 때에도 크고 작거나 길고 짧은 여러 가지 모양으로 우리 귀까지 오게 되어 다양한 음의 형태를 취한다.

### (3) 음의 종류

음은 진동 상태에 따라 순음(pure tone), 고른음(musical tone), 시끄런음(noise)의 세 가지로 구분된다.

#### 1 순 음

순음은 배음을 포함하지 않는 가장 기본적이고 단순한 진동 소리이며 단순음 또는 단음이라고 한다. 라디오에서 시보(時報)를 알리는 소리나 음차(音叉)를 부드러운 해머로 조용히 두드릴 때 나는 소리가 바로 이것이다. 보통 악기에는 이러한 소리, 즉 순음은 나지 않는다.

#### 2 고른음

탄력있는 물체의 규칙적이고 주기적인 진동으로 생기는 음이다. 즉, 1초간의 진동수가 440이라면, 이것이 매초 주기적으로 반복되는 소리를 말한다. 이에 따라서 일정한 음의 높이를 알 수 있고 보통 몇 개의 배음을 포함하고 있다. 타악기를 제외한 대부분의 악기와 사람의 목소리가 여기에 속하며 음악에 주로 쓰이는 것이다.

③ 시끄런음

이 소리는 진동의 상태가 매우 불규칙하고 복잡하여 그 성질을 뚜렷이 알 수 없다. 시끄런음의 예로는 물체가 부딪치는 소리나 타악기 소리 등을 들 수 있는데 명확한 진동수가 측정되지 않으므로 음의 높이를 알 수 없다.

음악에 쓰이는 음은 대개가 고른음이지만, 타악기 등 시끄런음도 쓰인다. 이러한 소음의 사용은 현대에 내려올수록 다양하여, 구체음악이나 전자음악 등과 같은 전위음악에서는 시끄런음만으로 구성되거나 순음까지도 사용되는 음악이 있다.

### (4) 음의 성질

음의 진동 상태에 따라 높이, 길이, 셈여림, 음빛깔을 가진다.

① 높이

음의 높이는 일정한 시간 내의 진동수(또는 주파수)에 의해서 정해진다. 즉, 진동수가 많으면 높은 음이 되고, 진동수가 적으면 낮은 음이 된다.

보통 1초간의 진동수는 그 단위를 사이클(C/S) 또는 헤르츠(Hz)로 표시한다. 사람의 귀로 들을 수 있는 가청한계(audible limits)는 대체로 1초에 16~20,000Hz이지만, 음악에서  쓰이는 범위는 88건의 피아노 음역인 30~4000Hz이고, 파이프오르간이나 피콜로 등은 이 범위를 넘는다. 음악에 쓰이는 음높이를 통일시기 위해 특별히 선정된 진동수를 표준음고(standard pitch)라 한다.

음악을 연주할 때 모든 악기는 이 표준 진동수에 따라 음을 맞춘다. 이것은 19세기말까지는 시대와 국가에 따라 여러 가지 표준음을 쓰던 것을, 파리회의(1859, Paris Academy)와 비인회의(1885)의 결의에 따라 가(a′)음을 435Hz로 정하였다.

그러나 최근에는 연주 효과를 더욱 높이기 위하여 표준음고보다 약간 높게 440Hz로 조율하여 쓰게 되었다. 이를 연주음고(concert pitch)라 하여, 근래에는 우리 나라를 비롯한 거의 모든 나라에서 이 연주음고를 사용하고 있다.

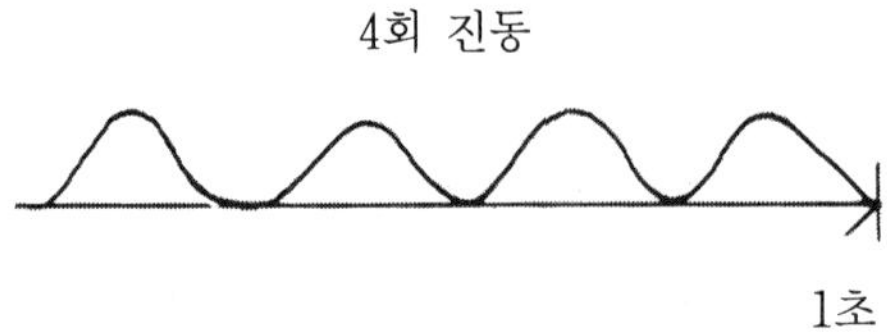


(높은음)

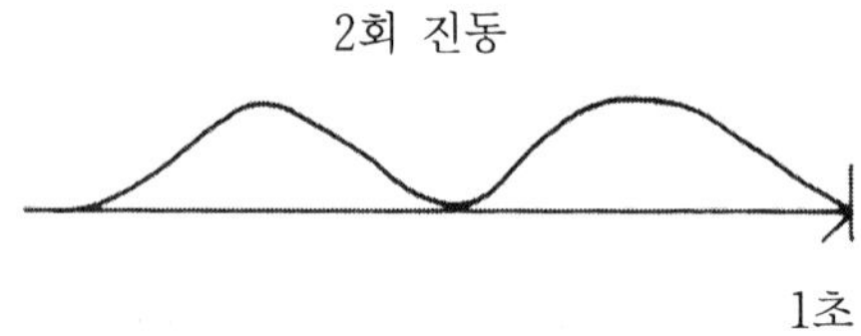


(낮은음)

### 2 셈여림

음의 셈여림은 진동 에너지의 크기, 진동의 방향과 거리, 주위의 상황에 따라 결정된다. 즉, 진동의 폭이 넓을수록 그 음은 세고, 좁을수록 그 음은 여리다.

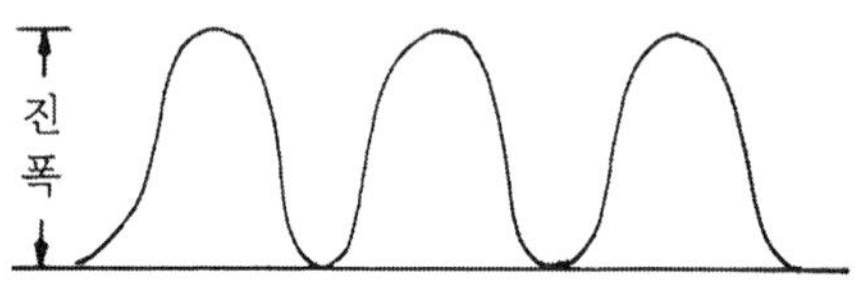


(센음)

(여린음)

### 3 길이

음의 길이는 진동 시간에 따라 결정된다. 이것은 진동의 지속 시간과 일치하는데 진동 시간이 길면 음이 길고, 그 시간이 짧으면 음이 짧고, 진동이 그치면 음도 소멸한다.

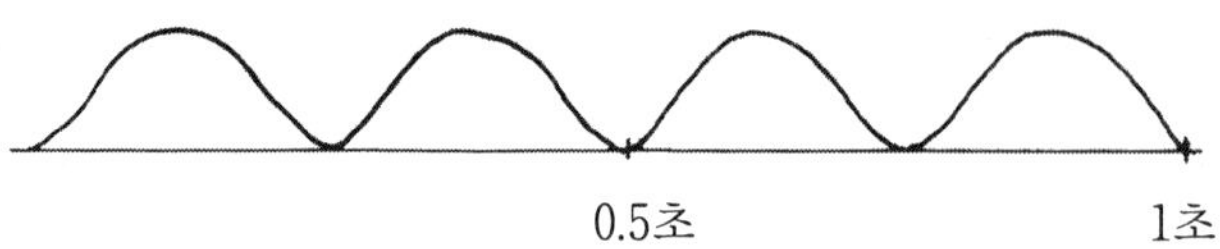


(긴음)

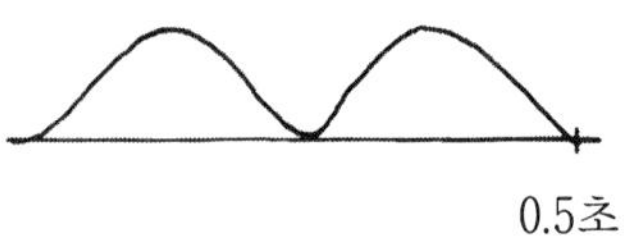


(짧은음)

### 4 음빛깔

같은 높이의 소리일지라도 바이올린과 피아노의 소리가 다른 것처럼, 악기에 따라 각기 다른 소리가 나는데, 이를 음빛깔이라고 한다. 똑같은 말을 해도 그 소리를 듣고 사람을 구별할 수 있는 것도 사람마다 소리의 빛깔이 다르기 때문이다. 음빛깔은 진동하는 모양에 의하여 결정된다.

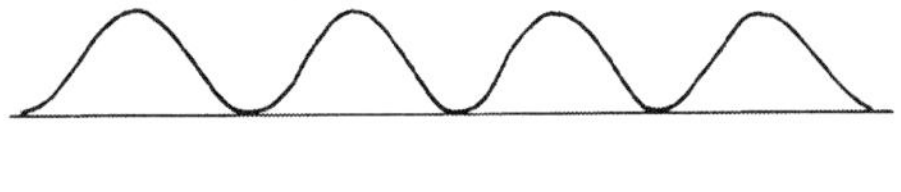

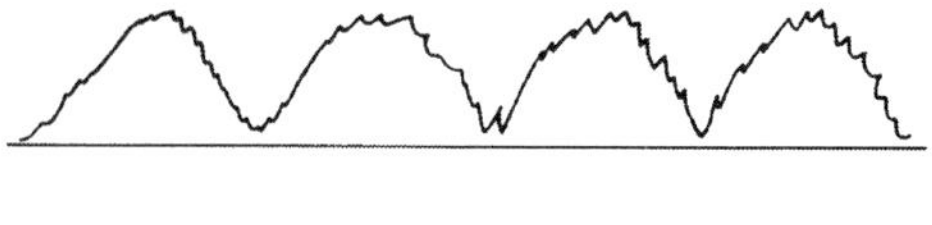

### (5) 음악의 3요소

1 리듬(rhythm)

리듬은 음악의 토대가 되고 기초를 이루는 가장 중요한 요소로서, 일정한 규칙에 의한 셈여림의 진행이나 변화있는 장단의 진행을 말한다. 이것은 장단의 시간적인 배합이므로, 박자는 리듬의 근본적인 단위가 된다.

2 멜로디(melody)

높이가 다른 여러 개의 음을 시간적으로 배열한 것이 멜로디이다. 즉, 멜로디는 높고 낮은음들의 시간적 배합이므로 여기에는 리듬의 요소도 포함되어 있다. 멜로디는 음악의 표면이라 할 수 있으며, 가장 직접적인 호소력을 가지고 있다.

3 화성(harmony)

화성은 높이가 다른 2개 이상의 음이 수직적으로 동시에 울리는 화음(chord)이 서로 조화있게 연결되는 상태를 말한다. 화성은 음악적 수직 구조로서, 멜로디의 배후에서 그 느낌을 결정해 주는 역할을 한다.

### (6) 음악의 형태

음악은 작곡, 연주, 감상의 세 가지 형태로 나타난다.

1 작곡(composition)

작곡이란 음악을 창작하는 예술적 기술이다. 작곡가는 자신의 사상이나 감정을 음을 통하여 표출한다.

2 연주(performance)

작곡된 악보를 실제의 소리로 옮겨주는 음악예술의 재창조이다. 그러므로 연주자는 작품이 지니고 있는 음악적 내용과 작곡가의 가슴 속에 담겨진 정신적 감동을 자신의 예술성으로 표현하여, 이를 감상자에게 전달해 주어야 한다. 특히 기교 연마를 위한 연습과 연주를 명확히 구별하여야 한다.

③ 감상(appreciation)

감상은 연주되는 음악을 듣고 느끼는 것이다. 즉, 음악감상은 작곡가와 연주자의 창조적 행위가 듣는 사람에게 교류되는 감화작용인 것이다.

그러므로 음악감상은 연주자의 예술적 표현력을 통해서 그 악곡의 아름다움을 느끼고, 감동하며, 즐기며, 가치 평가를 가하는 등 작곡가의 창조 정신에 적극 참여함으로써 그 예술 작품이 지닌 참된 의미를 되살리는 일이다.

## 2) 기보법과 기호

### (1) 보표와 음자리표

① 보표

음표를 적기 위한 다섯 줄에 음자리표를 표시한 것을 보표(staff)라고 한다. 음표는 이 다섯 줄과 그 사이의 칸에 적게 되며, 그 명칭은 다음과 같다.

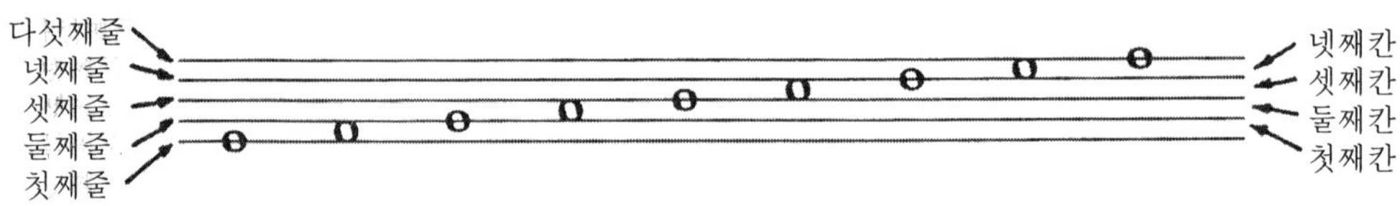


다섯 줄과 네 칸만으로는 제한된 수의 음 밖에 표시할 수 없으므로, 이 5선보다 높은음이나 낮은음을 기보하기 위해서는, 보표의 위나 아래에 덧줄을 긋는다.

② 음자리표

다섯 줄 위에 음자리표를 씀으로써 음표의 절대적인 높이를 정해 준다. 음자리표(clef)에는 높은음자리표, 낮은음자리표, 가온음자리표가 있다.

**① 높은음자리표**

사(G)음을 정해 주는 기호로 G자를 변형한 𝄞표를 다섯 줄 중 둘째 줄에 표시하는데 이 기호를 사용한 보표를 높은음자리 보표라 한다.

**② 낮은음자리표**

다섯 줄의 넷째 줄을 바(F) 음으로 정해 준 기호이다. F자가 점점 변형되어 오늘과 같은 음자리표 𝄢가 되었다.

**③ 가온음자리표(C음 자리표)**

가온음자리표만은 그 자리를 옮겨 세 개의 다(C)음을 정해 주는 기호로 C자의 변형인 𝄡로서 표시하며 다음 세 가지가 있다.

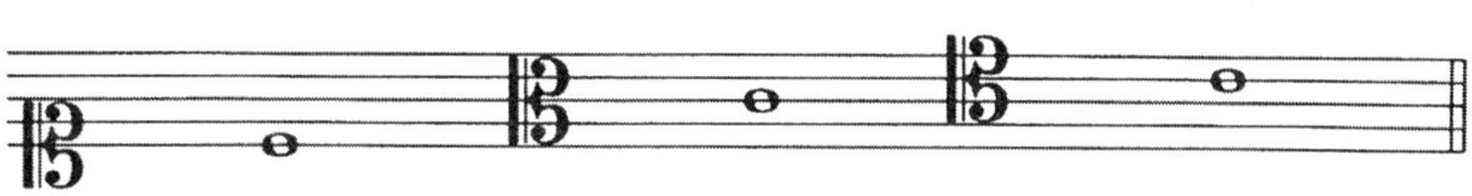

다(C) (소프라노 자리) 다(C) (알토 자리) 다(C) (테너 자리)

3 보표의 종류

**① 작은보표(short staff)**

한성부 또는 한 악기를 위해 다섯 줄 만으로 된 보표를 말한다.

**② 큰보표(grand staff)**

피아노 악보에서와 같이 높은음자리표와 낮은음자리표를 세로줄로 묶어 사용할 때 이를 큰 보표라고 한다.

③ **모음 보표(score)**

여러 가지 악기의 합주 또는 성부로 된 악보에서와 같이 여러 갈래로 된 보표를 한꺼번에 볼 수 있도록 하나로 묶어서 종합적인 보표로 편성한 것을 말한다(피아노 3중주, 관현악곡 등).

### (2) 음이름

음높이에 따라 그 수가 상당히 많아 이들을 구별하기 위한 음의 고유한 이름을 음이름(tone name)이라고 한다. 음악에 사용되는 여러 가지 중에서 기본이 되는 7개의 음을 원음(natural tone) 또는 자연음이라고 한다(흰건반의 음). 사이음이란 음에 변화표(♯, ♭)를 붙인 것이다(검은 건반의 음).

| 우리나라 | 다 | 라 | 마 | 바 | 사 | 가 | 나 | 다 |
|---|---|---|---|---|---|---|---|---|
| 미국·영국 | C | D | E | F | G | A | B | C |
| 도이치 | C | D | E | F | G | A | H | C |
| 이탈리아 프랑스 | Do(Ut) | Re | Mi | Fa | Sol | La | Si | Do(Ut) |

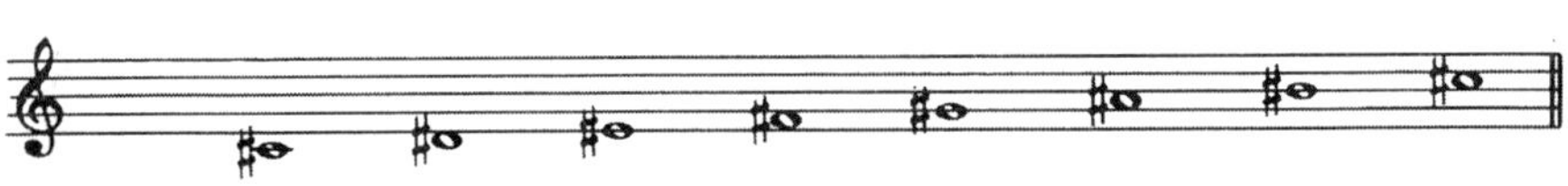

| 우리나라 | 올림 다 | 올림 라 | 올림 마 | 올림 바 | 올림 사 | 올림 가 | 올림 나 | 올림 다 |
|---|---|---|---|---|---|---|---|---|
| 미국·영국 | (C Sharp) | (D Sharp) | (E Sharp) | (F Sharp) | (G Sharp) | (A Sharp) | (B Sharp) | (C Sharp) |

| 우리나라 | 내림 다 | 내림 라 | 내림 마 | 내림 바 | 내림 사 | 내림 가 | 내림 나 | 내림 다 |
|---|---|---|---|---|---|---|---|---|
| 미국·영국 | (C flat) | (D flat) | (E flat) | (F flat) | (G flat) | (A flat) | (B flat) | (C flat) |

### (3) 음표와 쉼표

① 민음표(notes)와 민쉼표(rests)

| 음표이름 | 음표 | 길 이 | 쉼 표 | 쉼표이름 |
|---|---|---|---|---|
| 온 음 표 | 𝅝 | | 𝄻 | 온 쉼 표 |
| 2 분 음 표 | 𝅗𝅥 | | 𝄼 | 2 분 쉼 표 |
| 4 분 음 표 | 𝅘𝅥 | | 𝄽 | 4 분 쉼 표 |
| 8 분 음 표 | 𝅘𝅥𝅮 | | 𝄾 | 8 분 쉼 표 |
| 16 분 음 표 | 𝅘𝅥𝅯 | | 𝄿 | 16 분 쉼 표 |
| 32 분 음 표 | 𝅘𝅥𝅰 | | 𝅀 | 32 분 쉼 표 |

② 점음표(Dotted notes)와 점쉼표(Dotted rests)

| 음 표 이 름 | 점음표 | 길 이 | 점 쉼 표 | 쉼 표 이 름 |
|---|---|---|---|---|
| 점 온 음 표 | 𝅝. | 𝅝 + 𝅗𝅥 | 𝄻. | 점 온 쉼 표 |
| 점 2 분 음 표 | 𝅗𝅥. | 𝅗𝅥 + 𝅘𝅥 | 𝄼. | 점 2 분 쉼 표 |
| 점 4 분 음 표 | 𝅘𝅥. | 𝅘𝅥 + 𝅘𝅥𝅮 | 𝄽. | 점 4 분 쉼 표 |
| 점 8 분 음 표 | 𝅘𝅥𝅮. | 𝅘𝅥𝅮 + 𝅘𝅥𝅯 | 𝄾. | 점 8 분 쉼 표 |
| 점 16 분 음 표 | 𝅘𝅥𝅯. | 𝅘𝅥𝅯 + 𝅘𝅥𝅰 | 𝄿. | 점 16 분 쉼 표 |

### (4) 변화표

변화표란 원음을 그 자리에 둔 채로 반음 올리거나 반음 내릴 때, 또는 변화된 음을 원음으로 되돌릴 때 쓰는 표를 말한다.

변화표의 종류는 다음과 같다.

♯ ………………………… 올림표(sharp)

𝄪 ………………………… 겹올림표(double sharp)

♭ ······························ 내림표(flat)

♭♭ ···························· 겹내림표(double flat)

♮ ····························· 제자리표(natural)

변화표는 조표(key-signature)로 사용될 때와 임시표(accidental)로 사용될 때가 있다.

1 조표로 사용되는 표

올림표(♯) ················ 원음을 반음 높인다.

내림표(♭) ·················· 원음을 반음 내린다.

조표로 쓰일 때는 악곡 첫머리의 음자리표와 박자 사이에 넣는다.

2 임시표로 사용되는 표

올림표(♯) ················
내림표(♭) ·················· ···조표와 같다. 그 음표의 왼편에 붙인다.

겹올림표(𝄪) ··········· 반음 올려진 음을 다시 반음 올린다.

겹내림표(♭♭) ··········· 반음 내려진 음을 다시 반음 내린다.

제자리표(♮) ··········· 반음 올려지거나, 반음 내려진 음을 원음으로 돌려 놓는다. 즉 변화표의 효력을 취소시킬 때 붙인다.

겹올림표나 겹내림표에 의해 두 번 변화된 음을 반음 하나만을 제자리로 돌려 놓을 경우, 먼저 제자리표를 붙이고 그 다음에 올림표나 내림표를 붙인다.

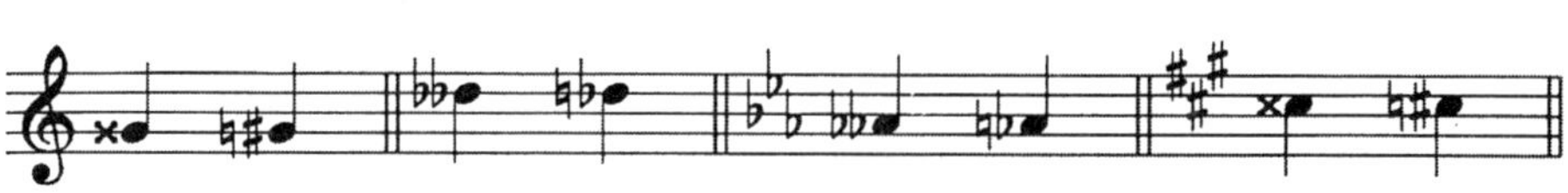

3 변화표의 효력

**① 조표로서의 효력**

조표로서 붙은 변화표는 옥타브 차이에 관계없이 해당 음표와 음이름이 같은 음에는 모두 효력이 있고, 조가 바뀌지 않는 한 끝까지 유효하다. 또한 음자리표가 바뀌어도 같은 음이름에는 유효하다.

② 임시표로서의 효력

임시표가 붙을 때는 같은 마디 안에서의 해당 음표에만 효력이 있다. 따라서 마디가 바뀌거나 같은 마디일지라도 옥타브가 높거나 낮을 때는 효력이 없다. 그러나 혼동을 피하기 위해서는 해당 임시표나 제자리표를 다시 쓰는 것이 좋다.

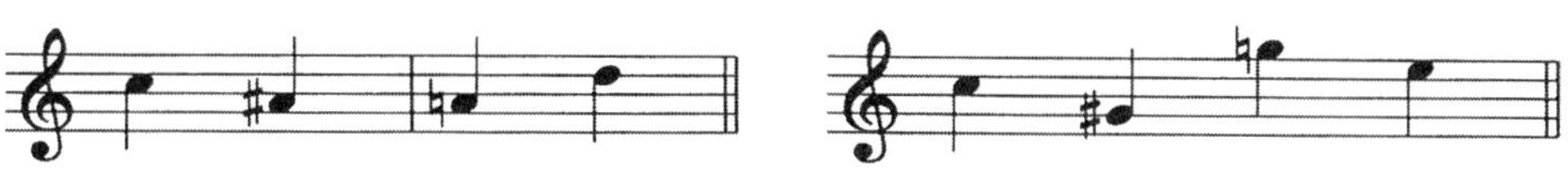

또한 같은 마디 안에서는 음자리표가 바뀌어도 옥타브 차이가 없는 한 유효하다. 그러나 이러한 경우에도 명확히 나타내 주는 것이 좋다.

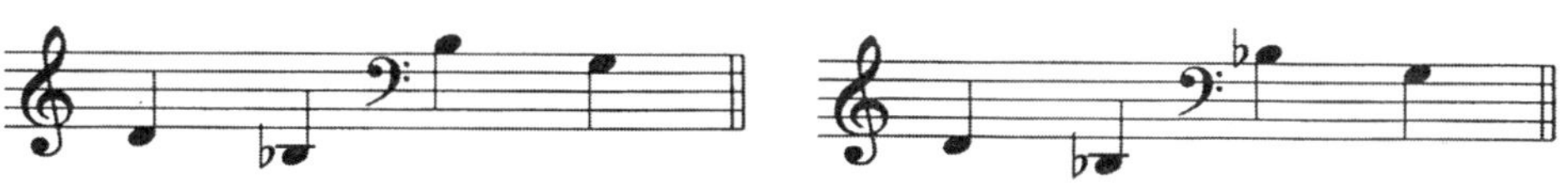

다만, 마디가 바뀔지라도 그 음이 붙임줄로 연결될 때는 효력이 있다.

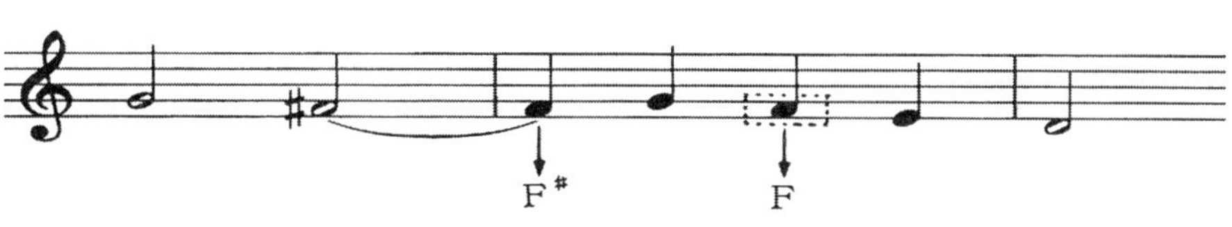


4 딴이름 한소리(enhamonic)

원음을 변화시킬 때, 온음 간격으로 된 두 음에 있어서, 아래에서 반음 올린 음과 위에서 반음 내린 음은 그 음이름과 기보는 다르지만 실제의 소리는 똑같다. 반음 간격인 경우에도 원음과 위·아래로 변화시킨 음과 마찬가지 경우가 생긴다. 이처럼 음이름은 서로 다르지만 소리는 똑같이 나는 것을 딴이름 한소리라고 한다.

이것은 피아노와 같은 악기의 건반 상에서 같은 건반으로 다루어지며, 조바꿈이나 악보를 읽기 쉽게 하기 위해서 사용된다.

## (5) 박 자

### 1 리듬과 박(beat)

어떤 음이 끊어지지 않고 계속 울릴 때(사이렌 소리 등)는 아무런 시간적 질서를 느낄 수 없다. 그러나, 어떤 음이 몇 번으로 나뉘어서 들린다든지, 높낮이, 셈여림 등의 변화가 있을 때, 또는 공간이 삽입될 때는 여기에 어떤 시간 경과의 질서를 느낄 수 있다. 이것이 리듬인 것이다. 그 밖에 고른음이 아닌 발자국 소리, 새들의 울음소리 등에서도 리듬을 느낄 수 있다.

음악에는 여러 가지 리듬이 사용되는데, 이는 일정한 시간에 따라 생기는 질서 위에 세워진 박이라는 단위에 따라 만들어진 것이다. 즉, 이 박이 필요에 따라 연결되고 분할됨으로써 음악이 구성된다.

한 박의 길이는 너무 길거나 짧아도 적당치 않다. 즉, 음악에서는 대개 한 박의 길이로서 0.1초 내지 1.5초 사이의 것이 허용된다.

### 2 박자의 의의

박이 계속되면 리듬에 자연히 질서가 생기고, 일정한 시간을 단위로 리듬이 반복될 때는 셈여림의 규칙에 따라서 정리된다. 이와 같이 일정한 규칙에 따라 진행되는 셈여림의 진행, 또는 장단의 변화있는 진행의 한 단위를 박자라고 한다. 박자는 일정한 박의 수에 따라서 심리적인 센점이 주기적으로 생긴다.

### 3 박자표(meter singnature)

박자의 종류를 나타내는 기호를 박자표라 한다. 박자표는 분수 형식의 아라비아 숫자로 표시하며, 악곡의 맨 처음 음자리표와 조표 다음에 적는다. 이때 분모는 한 박으로 세는 단위음표(unit note)의 종류를 나타내며, 분자는 한 마디 안에 들어가는 박자의 수를 나타낸 것이다.

아래의 예와 같이 $\frac{3}{4}$박자는, 4분음표가 단위음표이며, 한 마디 안에 4분음표가 3개 있어 3박을 이룬다는 뜻이다. 또한 $\frac{4}{4}$박자를 C, $\frac{2}{2}$박자를 ₵로 표시하기도 한다.

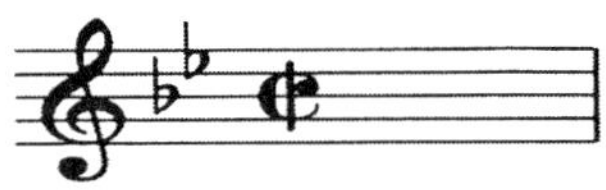

④ 세로줄(bar)과 마디(measure)

음표만을 나열하면 셈여림을 확실히 구별할 수 없으므로, 센박의 직전에 줄을 그어서 구별하는데, 이를 세로줄이라 한다. 세로줄과 세로줄 사이를 마디라고 하며, 박자의 최소 단위가 이 안에 포함된다.

이 밖에 두 줄이 그어진 겹세로줄(double bar line)이 있다. 이는 악곡의 일부분이 끝날 때, 혹은 박자나 조가 바뀔 때 쓰는 것과, 악곡을 마칠 때 또는 도돌이표에 사용되는 경우의 두 가지가 있는데, 마침에 사용될 때는 마침줄이라 한다. 이들은 대개 세로줄과 겸해서 쓰이는데 도돌이표일 때는 따로 쓰일 때도 있다.

⑤ 센내기와 여린내기

악곡이 맨 첫 박, 즉 센박에서 시작할 때를 센내기라 하고, 여린박부터 시작할 때를 여린내기라 한다.

센내기

여린내기

여린내기일 때는 그 속에 포함되어 있는 악절도 여린내기로 되어 있고, 마지막 마디에서 처음의 여린내기 부분 만큼이 짧아져 있는 것이 보통이다. 그리하여 첫 마디와 맨 끝마디를 합하여 완전한 마디를 이룬다.

또한 여린내기의 곡에서는 첫 음표 앞에 쉼표를 두지 않으며, 이 마디는 첫째 마디로 세지 않는데 이를 못갖춘마디라 한다.

이 밖의 마디는 모두 정해진 박자를 갖추고 있으므로 갖춘마디라고 한다.

6 박자의 종류

박자에는 2의 배수 관계로 된 2박자계, 3의 배수로 된 3박자계, 그리고 2박자계와 3박자계가 섞인 혼합박자(mixed meter)가 있다. 2박자계와 3박자계는 이를 다시 홑박자(simple meter)와 겹박자(compound meter)로 나눈다.

홑박자는 겹박자의 기본이 되는 것으로서 2박자, 3박자, 4박자가 이에 속한다. 겹박자는 몇 개의 홑박자가 결합된 것으로서, 6박자, 9박자, 12박자가 이에 속한다.

이 외에 5박, 7박과 같이 홀수 박자와 짝수 박자가 섞인 혼합박자가 있다. 혼합박자는 짝수 박자가 앞에 놓이느냐, 홀수 박자가 앞에 놓이느냐에 따라서 그 셈여림의 관계가 달라진다.

〈박자를 구분하는 2가지 방법〉

<table>
<tr><td>2박자계 : $\frac{2}{2}$ $\frac{2}{4}$ $\frac{2}{8}$ ………</td><td rowspan="2">홑박자 : $\frac{2}{2}$ $\frac{3}{2}$ $\frac{4}{2}$ $\frac{2}{4}$ $\frac{3}{4}$ $\frac{4}{4}$ $\frac{2}{8}$ $\frac{3}{8}$ $\frac{4}{8}$</td></tr>
<tr><td>3박자계 : $\frac{3}{2}$ $\frac{3}{4}$ $\frac{3}{8}$ ………</td></tr>
<tr><td>4박자계 : $\frac{4}{2}$ $\frac{4}{4}$ $\frac{4}{8}$ ………</td><td>겹박자 : $\frac{6}{2}$ $\frac{9}{2}$ $\frac{12}{2}$ $\frac{6}{4}$ $\frac{9}{4}$ $\frac{12}{4}$ $\frac{6}{8}$ $\frac{9}{8}$ $\frac{12}{8}$</td></tr>
<tr><td colspan="2">혼합(섞음)박자 : $\frac{5}{4}$ $\frac{7}{4}$</td></tr>
</table>

## (6) 도돌이표

### ① 도돌이표

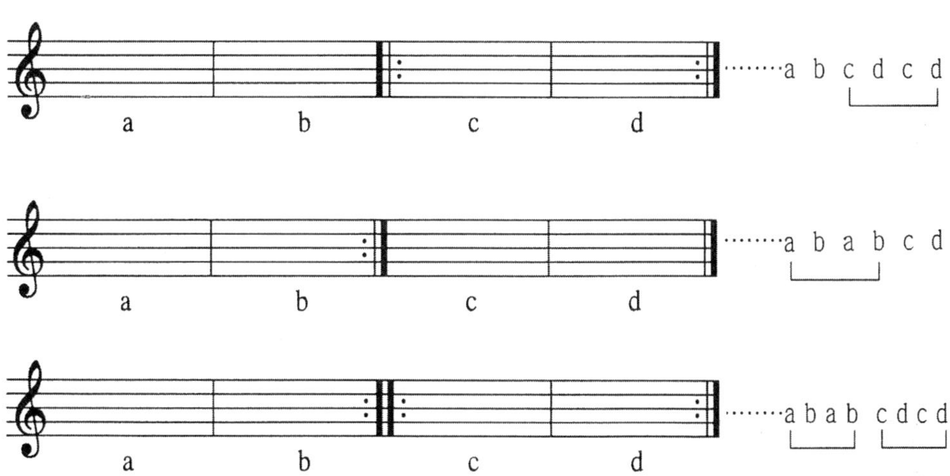

반복되는 부분의 마지막 마디만 다를 때는 아래와 같이 표시하는데, 1. 은 Prima volta 또는 Una volta를 뜻하며, 2. 는 Seconda volta 또는 Due volta를 뜻한다.

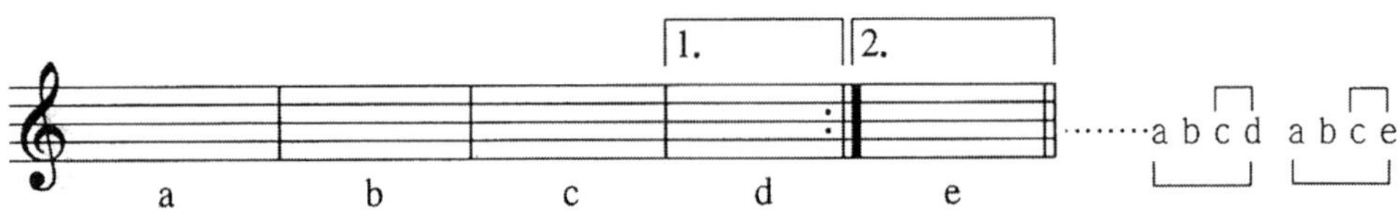


② D.C.(Da Capo)와 D.S.(Dal Segno)

Da Capo는「처음부터」의 뜻으로서, 악절이 끝나는 부분에 D.C.라고 표시되어 있으면 처음으로 돌아가서 반복하고, 마침표(Fine 또는 𝄐)가 있는 곳에서 끝맺는다.

Dal Segno는「표가 있는 데서부터 되돌아 감」의 의미로서, D.S.가 있으면 𝄋가 있는 곳까지 돌아가 Fine 또는 𝄐의 표까지 연주하여 끝맺는다.

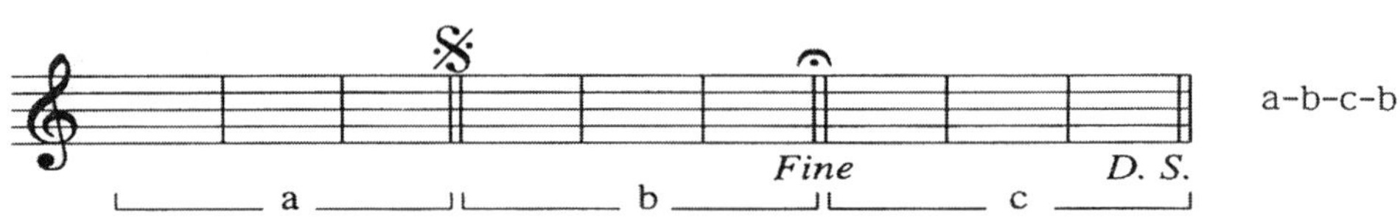


𝄌 표(Vide표)는, Da Capo나 Dal Segno에 의해 반복될 때 𝄌부터 다음의 𝄌 또는, Coda라고 적힌 부분까지를 건너 뛰고 진행하라는 뜻이다.

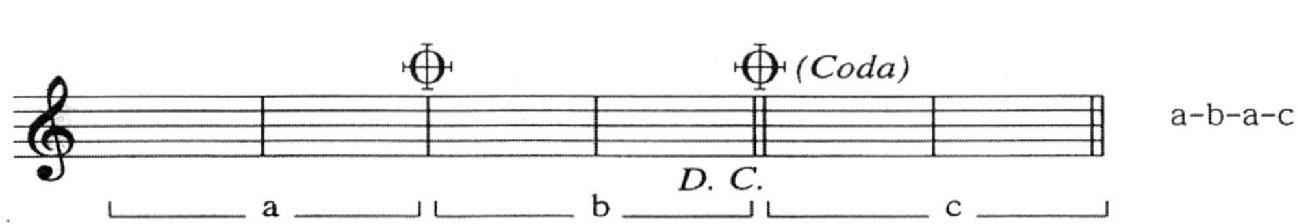

③ 같은 내용의 마디 반복

어떤 마디를 반복할 때 쓰는 표가 있다. 「bis」는 두 번, 「ter」는 세 번, 「quater」는 네 번 반복하는 것이다.

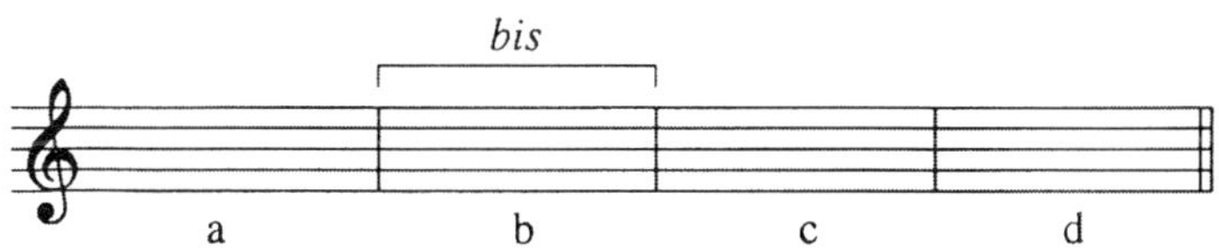


a – b – b – c – d

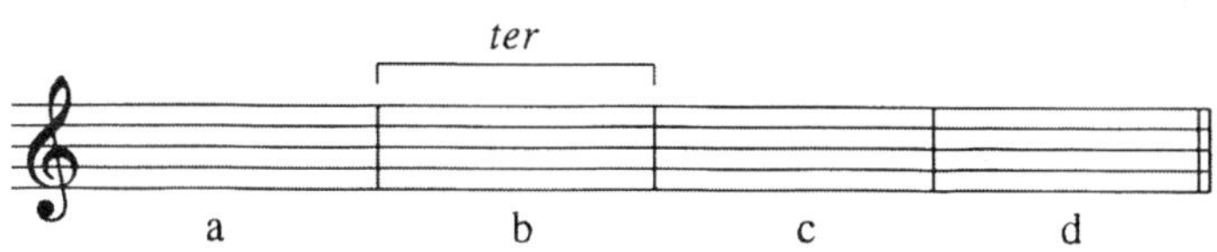


a–b–b–b–c–d

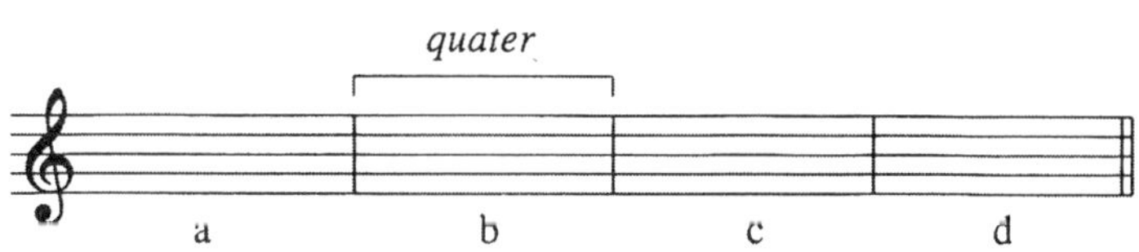


a–b–b–b–b–c–d

bis와 도돌이표의 차이점은, 다시 반복하는 기호가 있어서 되풀이할 때 bis는 반복하고, 도돌이표는 반복하지 않는다.

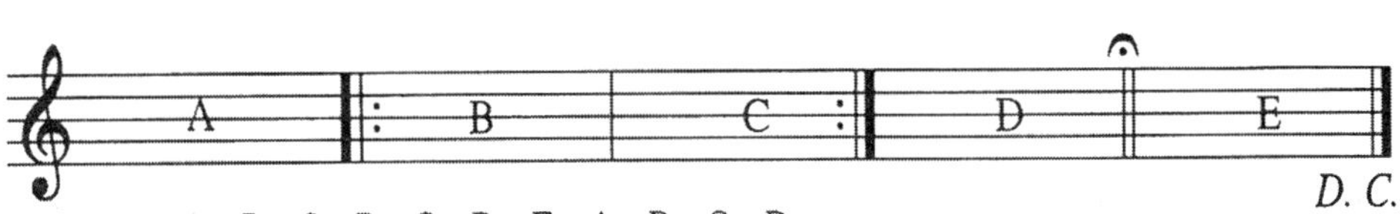


A→B→C→B→C→D→E→A→B→C→D

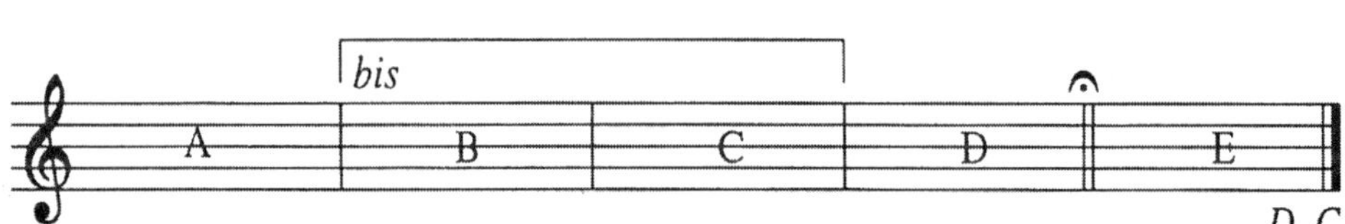


A→B→C→B→C→D→E→A→B→C→B→C→D

### 3) 빠르기표와 나타냄 말

#### (1) 빠르기표(tempo signature)

1 악곡 전체의 빠르기를 지시하는 것
(빠르기 순으로 배열)

*Largo* ························ 느리고 폭넓게
*Lento* ························ 느리고 무겁게
*Adagio* ························ 느리고 침착하게
*Grave* ························ 느리고 장중하게
*Larghetto* ························ *Largo*보다 조금 빠르게
*Adagietto* ························ *Adagio*보다 조금 빠르게
*Andante* ························ 느린 걸음 걸이의 빠르기로
*Andantino* ························ *Andante* 보다 조금 빠르게
*Moderato* ························ 보통의 빠르기로
*Allegretto* ························ *Allegro*보다 조금 느리게
*Allegro* ························ 빠르고 즐겁게
*Vivo* ························ 빠르고 활발하게
*Vivace* ························ 빠르고 경쾌하게
*Vivacissimo* ························ *Vivace* 보다 빠르게
*Presto* ························ 빠르고 성급하게
*Prestissimo* ························ *Presto* 보다 빠르게

2 다른 말에 덧붙여서 쓰이는 것

*alla* ························ …풍으로*(alla marcia)*
*assai* ························ 매우*(allegro assai)*
*con* ························ …를 가지고*(con espressivo)*
*con brio* ························ 생기있게*(allegro con brio)*

*con fuoco* ………………… 격렬하게*(allegro con fuoco)*

*ma non troppo* ………… 지나치지 않게*(allegro ma non troppo)*

*meno* ……………………… 보다 적게*(meno mosso)*

*molto* ……………………… 매우*(molto vivace)*

*non tanto* ………………… 너무 지나치지 않게*(presto non tanto)*

*non troppo* ……………… 과하지 않게*(allegro ma non troppo)*

*piu* ………………………… 더욱*(piu allegro, piu´ mosso)*

*poco(un poco)* ………… 약간*(poco adagio)*

*poco a poco* …………… 조금씩*(poco a poco animato)*

*quasi* ……………………… …와 같이, 처럼*(andante quasi allegretto)*

3 점차로 빠르기를 변화시키는 것

*accelerando(accel.)* …· 점점 빠르게

*allargando, largando* · 점점 폭넓게

*calando* …………………… 점점 여리고 느리세

*meno mosso* …………… 빠르기를 조금 늦추어서

*morendo* ………………… 점점 느리게, 꺼지듯이

*predendosi* ……………… 점점 느리게, 사라지듯이

*piu mosso* ……………… 좀더 빠르게, 활발하게

*rallentando(rall.)* ……… 점점 느리게, 늦추어서

*ritardando(rit.)* ………… 점점 느리게

*ritenuto* …………………… 점점 느리게, 눌러서

*smorzando* ……………… 꺼져가듯 느리게

*stentando, stentato* …… 점점 느리게

*stringendo* ……………… 점점 빠르게, 긴박감이 나게

4 연주자 임의로 정하는 것

*tempo rubato* …………… 악곡의 성격에 따라서 이 부분에서는 자연스럽게 임의로 느리거나 빠르게 한다. 그러나, 전체의 연주시간은 같아야 한다.

*a piacere* ………………… 자유로이, 좋을대로

*ad libitum(ad lib.)* …… 임의로

5 본래의 빠르기로 돌아가게 하는 것

*tempo giusto* …………… 정확한 빠르기로

*a tempo* …………………… 본래의 빠르기로

*tempo primo(Tempo I)* 처음의 빠르기로

*L'istesso tempo* ……… 똑같은 빠르기로

### (2) **셈여림표**(강약기호 : dynamic signature)

1 전반적인 셈여림표

〔**여림표**〕

| | | |
|---|---|---|
| *P* | *(piano)* | 여리게 |
| *PP* | *(pianissimo)* | *P*보다 여리게 |
| *PPP* | *(pianississimo)* | *PP*보다 여리게 |

〔**셈 표**〕

| | | |
|---|---|---|
| *f* | *(forte)* | 세게 |
| *ff* | *(fortissimo)* | *f*보다 세게 |
| *fff* | *(fortississimo)* | *ff*보다 세게 |

〔**중간 셈여림표**〕

| | |
|---|---|
| *mf* | *(mezzo-forte)* |
| *mp* | *(mezzo-piano)* |

이상을 셈여림 순으로 나열하면 아래와 같다.

*fff* — *ff* — *f* — *mf* — *mp* — *p* — *pp* — *ppp*

② 부분적인 셈여림표

*sf, sfz* (*sforzando*) 특히 세게

＞, ∧ (*accent*) 특히 세게

*fz* (*forzando*) 특히 세게

*rf, rfz* (*rinforzando*) 갑자기 세게

*fp* (*forte-piano*) 세게, 바로 여리게

*pf* (*piano-forte*) 여리게, 바로 세게

*subito piano* 갑자기 여리게

*subito forte* 갑자기 세게

③ 점차적인 셈・여림표

*crescendo (cresc.)* 점점 세게

*decrescendo (decresc.)* 점점 여리게

*diminuendo (dim)* 점점 여리게

 점점 세게

 점점 여리게

*poco a poco cresc.* 조금씩 점점 세게

*poco a poco dim.* 조금씩 점점 여리게

### (3) 나타냄 말(악상기호 : expression signature)

악곡의 성격이나 표정, 표현을 나타내는 말로서, 악곡 전체 또는 악절의 표정을 개념적으로 지시한다. 오늘날 흔히 쓰는 용어는 빠르기말이나 셈여림의 표시와 같이 이탈리아어이며 작곡가에 따라서는 각기 자기 나라의 말로 표기하고 있다.

*addolorato* ················ 슬프게

*affabile* ······················ 부드럽게

*affettouosso* ··············· 아름답게, 사랑스럽게

*agitato* ························ 격하게, 흥분해서

*amabile* ······················ 사랑스럽게

*amoroso* ······················ 아름답게

*con anima* ·················· 활기를 띠고

*animato* ······················ 생기있게

*appassionato* ·············· 열정적으로

*arioso* ························ 아리아처럼, 노래하듯이

*armonioso* ·················· 조화있게

*brillante* ······················ 화려하게

*con brio* ······················ 생기있고 활기있게

*calmato* ······················ 고요하게

*cantabile* ···················· 노래하듯이

*capriccioso* ················ 마음내키는대로

*comodo* ······················ 평온하게

*delicato* ······················ 섬세하게

*dolce* ·························· 부드럽게

*dolente* ························ 슬프게, 호소하듯이

*doloroso* ······················ 비통하게

*elegante* ······················ 우아하게

*elegiaco* ······················ 슬프게

*energico* ······················ 힘차게

*con espressivo* ············ 표정을 넣어서, 정서적으로

*con fuoco* ···················· 열정적으로, 격하게

*giocoso* ······················ 즐겁게, 유쾌하게

*grandioso* ···················· 웅대하게

*grave* ·························· 무겁게, 엄숙하게

*grazioso* ······················ 우아하게

*lamentoso* ···················· 슬프게

*liberamente* ················ 자유롭게
*leggiero* ······················ 경쾌하게
*maestoso* ···················· 위엄있게, 장엄하게
*con malinconia* ·········· 애수를 띠고
*marciale* ····················· 행진곡풍으로
*misterioso* ··················· 신비스럽게
*mormorando* ·············· 속삭이듯이
*con moto* ···················· 움직임을 가지고, 속도를 넣어서
*passionato* ·················· 열정적으로
*pastorale* ···················· 목가적으로
*pesante* ······················· 무겁게
*piacevole* ···················· 즐겁게
*religioso* ····················· 경건하게, 엄숙히
*risoluto* ······················· 결연히
*scherzando* ················· 유머러스하고 경쾌하게
*semplice* ····················· 소박하게
*con sentimento* ·········· 감상적으로
*scrioso* ························ 점잖게, 엄숙하게
*sostenuto* ···················· 음을 눌러서, 무겁게
*con spirito* ················· 재치있게, 정신을 넣어서
*tranquillo* ··················· 조용히, 침착하게

## 4) 음 정

### (1) 음정의 뜻

두 음 사이의 거리를 음정(interval)이라 하고, 두 개의 음이 같은 선이나 간에 있을 때 1도라 부르고, 다른 높이의 사이가 벌어질 때마다 2도, 3도, 4도 등으로 불리운다.

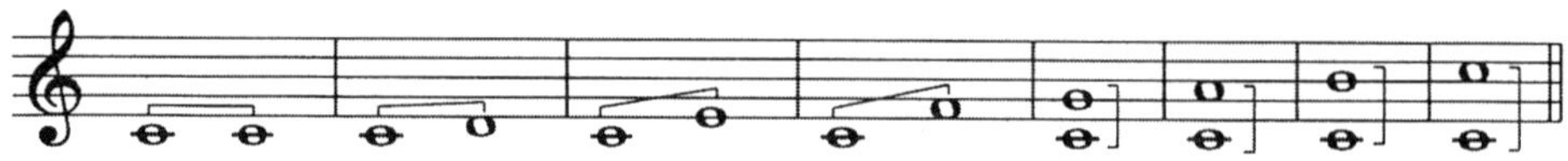

1도 2도 3도 4도 5도 6도 7도 8도

### (2) 음정의 종류

· 두 음이 동시에 울릴 경우 이를 화성음정(harmonic interval)이라 한다.

· 두 음이 차례로 울릴 경우 이를 가락음정(melodic interval)이라 한다.

화성음정 가락음정

① **홑음정**······한 옥타브 이내의 음정

② **겹음정**······한 옥타브 이상의 음정

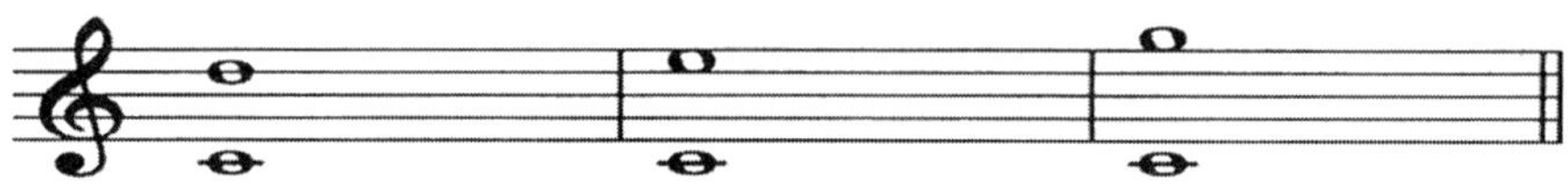

* 음정은 그 넓이에 따라 홑음정과 겹음정으로 구분된다.

### (3) 음정의 성질

음정은 다음 다섯 가지 성질을 가진다.

① 완전음정(perfect interval)······1도, 4도, 5도, 8도

② 장음정(major interval)······2도, 3도, 6도, 7도

③ 단음정(miner interval)······2도, 3도, 6도, 7도(장음정보다 반음이 좁다)

④ 증음정(augmented interval)······완전음정이나 장음정보다 반음 넓은 음정

⑤ 감음정(diminished interval)······완전음정이나 단음정보다 반음 좁은 음정

### (4) 음정의 변화

완전음정과 장음정에 반음을 증(+) 감(−)하면 다음과 같은 성질의 변화가 생긴다.

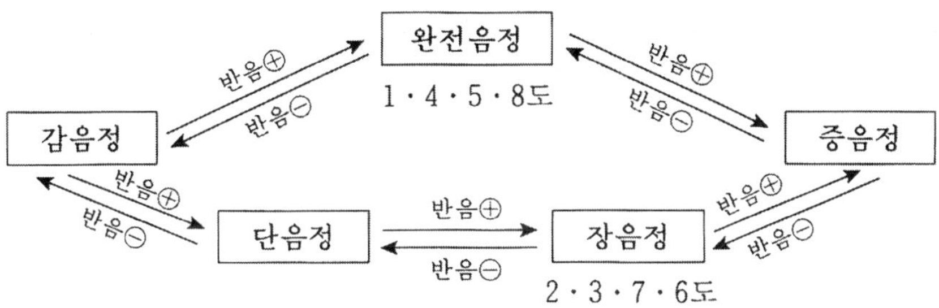


음정 { 온음계음정………온음계 속에 포함된 음정
반음계음정………반음계 변화에서 생기는 음정 }

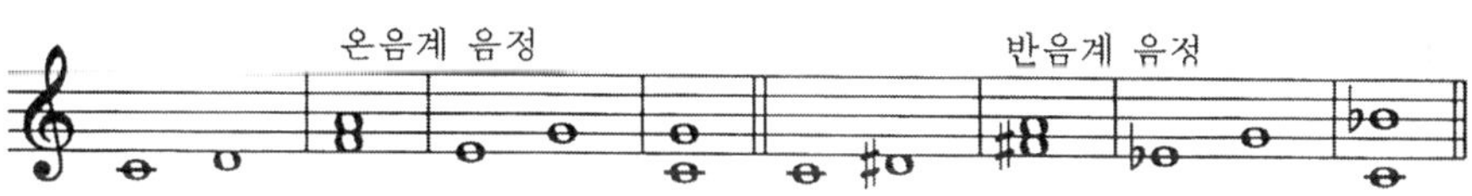


### (5) 어울림음정(협화음정)과 안어울림음정(불협화음정)

- 음정
  - 어울림음정
    - 완전 어울림음정
      - 완전 1도
      - 완전 4도
      - 완전 5도
      - 완전 8도
    - 불완전 어울림음정
      - 장 3도
      - 단 3도
      - 장 6도
      - 단 6도
  - 안어울림음정
    - 장, 단 2도
    - 장, 단 7도
    - 모든 증, 감음정

## 5) 음 계

### (1) 음계의 뜻

어떤 음을 으뜸음으로 하여 일정한 형식에 따라 음높이의 차례대로 늘어 놓은 것을 음계라 한다. 따라서 음계는 8도 이내의 음정관계로 정해지고 다른 옥타브에서는 같은 것이 반복된다.

### (2) 음계의 구조와 계이름

음계의 각 음은 아래와 같은 이름이 있다.

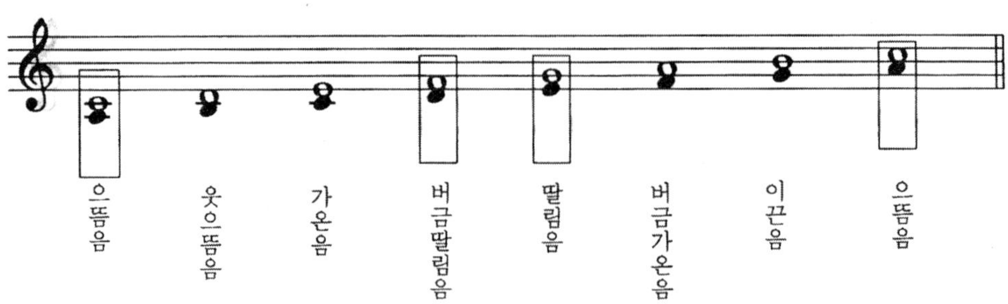


| | | | | | | | |
|---|---|---|---|---|---|---|---|
| 장음계 : Do | Re | Mi | Fa | Sol | La | Si | Do |
| 단음계 : La | Si | Do | Re | Mi | Fa | Sol | La |

① **으뜸음**(근음, 주음)

음계의 시작음이고 음계를 대표하는 가장 중요한 음이다.

② **딸림음**(속음)

으뜸음의 완전 5도 위에 위치하며 으뜸음을 보좌한다.

③ **버금딸림음**(하속음)

으뜸음의 완전 5도 아래에 위치한다. 즉, 으뜸음을 중심으로 딸림음과 대치의 자리에 있고 으뜸음과 딸림음을 보좌한다.

④ **이끈음**(도음 : 導音)

으뜸음의 반음 아래에 위치하여 항상 으뜸음에 끌려 들어가는 성질이 있으며 이끈음으로 인해서 으뜸음의 역할이 뚜렷해진다.

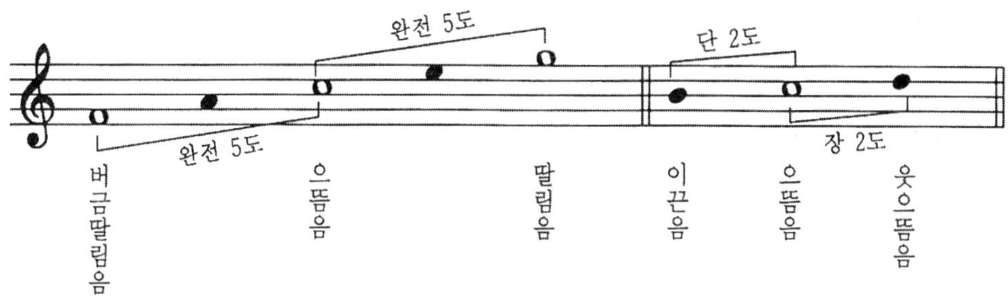


(3) 음계의 종류

음계에는 음의 배열에 따라서 여러 가지 종류가 있으나 보통 많이 쓰이는 것은 장음계와 단음계이다.

1 장음계(Major scale)

다(도) 음에서 시작하여 원음만으로 구성되어 있으며 3음과 4음이 반음이고 7음과 8음이 반음이다. 음계 구조는 다음과 같다.

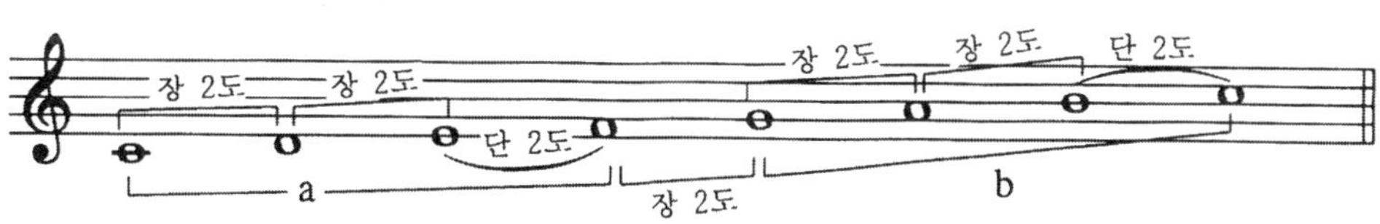


위의 a와 b 그룹은 음정 구조가 같다. 이 두 그룹은 장 2도로 연결되어 있다.

2 단음계(Minor scale)

단음계는 2~3음이 반음이고 5~6음이 반음으로 되어 있다. 장음계의 으뜸음보다 단3도 아래가 단음계의 으뜸음이 된다. 단음계의 기본적인 음계는 「가」음에서 시작된다. 단음계에는 다음과 같은 세 종류가 있다.

**① 자연 단음계**

음계의 2음과 3음 그리고 5음과 6음 사이가 반음이고 그 밖의 음은 모두 온음으로 이루어졌다.

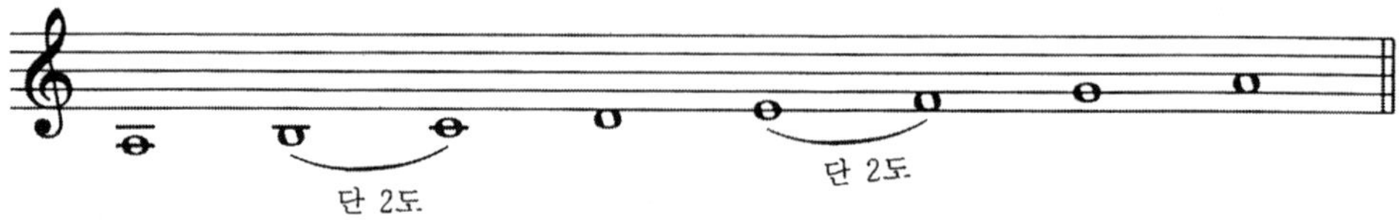


② **화성 단음계**

자연 단음계의 7음을 임시표로서 반음 올려 만들어진다.

③ **선율 단음계**

화성 단음계의 6음을 반음 올린 것이 선율 단음계이다. 그러나 하행할 때에는 자연 단음계를 그대로 쓴다.

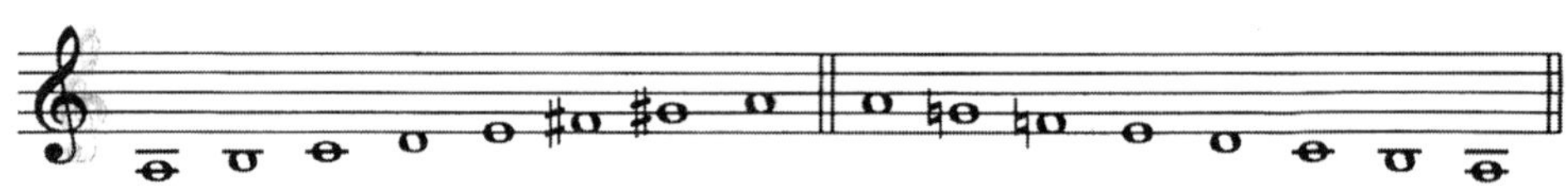

3 장음계와 단음계의 성질

① **장음계의 곡조**

주로 '도'나 '미', '솔'로 시작하여 '도'로 끝나는 것이 보통이다. 밝고 경쾌한 느낌을 준다.

② **단음계의 곡조**

주로 '라'나 '도', '미'에서 시작하여 '라'로 끝나는 것이 많다. 쓸쓸하고 어두운 느낌을 준다.

(4) **조표와 으뜸음**

장조나 단조나 그 음계가 원음만으로 구성되어 있는 것은 다(C) 장조와 가(a) 단조 뿐이다. 그 밖의 조는 모두 음계 안에 사이음이 끼어 있다. 이러한 조를 나타낼 때 사이음을 그때 그때마다 임시표로 나타내면 너무 복잡하므로 조표를 사용한다. 즉, 조표는 모든 조의 음계 안에 포함되어 있는 사이음을 일괄해서 나타내 주는 것이며, 조표에 의해서 규정되는 장·단조의 음계 각 음을 그 조의 음계 고유음으로 정하는 것이다.

조표는 오선의 맨 왼편, 음자리표 바로 다음에 그려진다. 조표가 붙여진 음은 옥타브의 높낮이에 관계없이 모두 조표의 적용을 받는다. 조표와 으뜸음은 다음과 같다.

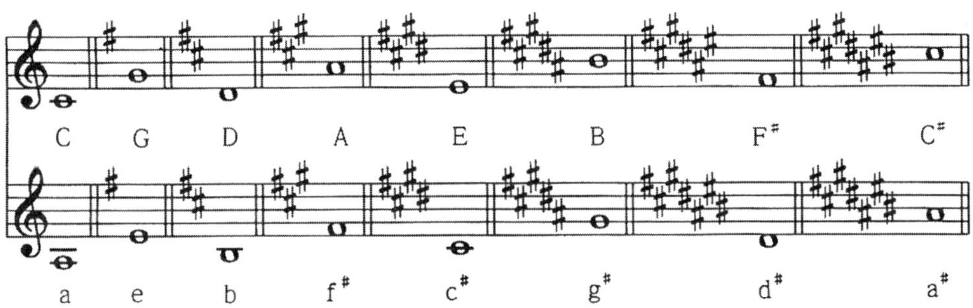


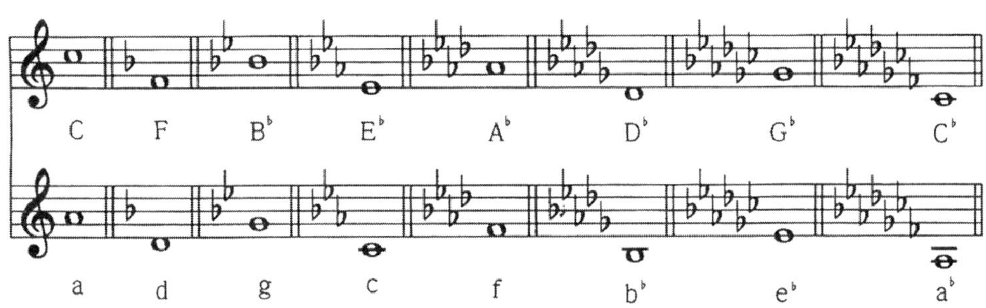


위의 예에서 장조의 B와 $C^{\flat}$, $F^{\sharp}$과 $G^{\flat}$, $C^{\sharp}$과 $D^{\flat}$ 단조의 $g^{\sharp}$ 과 $a^{\flat}$, $d^{\sharp}$과 $e^{\flat}$, $a^{\sharp}$과 $b^{\flat}$ 은 각기 딴이름한소리의 조다. 위의 예에서 알 수 있듯이 조표가 하나씩 붙을수록 올림표는 5도씩 올라가고, 으뜸음도 마찬가지로 5도씩 올라간다. 반대로 내림표는 5도씩 내려간다.

위의 예에서 대문자는 장조를 나타내며 소문자는 단조를 나타낸다.

### 6) 조바꿈과 조옮김

#### (1) 조바꿈(modulation)

조바꿈이란 악곡 도중에서 원래의 조가 다른 조로 일시적으로 바뀌는 것을 말한다.

#### (2) 조옮김(transposition)

어떤 곡을 일정한 음역에 맞도록 악곡 전체를 그대로 높이거나 낮추는 것을 조옮김이라 한다. 이때 전체의 음높이는 변하지만, 각 음의 상대적인 음정 관계는 변하지 않는다. 조옮김을 함에 있어서, 특히 다음 사항에 주의하여야 한다.

① 지정된 음정을 높이거나 낮추는 경우, 이것이 어느 조에서 어느 조로 옮겨지는가를 살필 것.

② 지정된 조로 조옮김할 때, 먼저 그 조의 조표를 정확히 적고 두 조 사이의 으뜸음의 간격을 파악할 것.

③ 임시표가 붙은 음은 원곡에서 그 임시표의 성격이 반음 올림의 성격인지, 반음 내림의 성격인지를 조옮김된 곡에서도 같은 성격이 되도록 적당한 임시표를 적는다.

제 2 장

# 유아음악교육의 영역별 지도 실제

# 1. 노래부르기

인간은 스스로 조작하여 소리를 내고 싶은 본능이 있다(Lament, 1976). 목소리는 유아들이 가장 어린 시절부터 소리를 실험하고 탐색해온 수단이자 유아의 감정을 표현하는 가장 중요한 음악적 악기이다(Hackett, 1997 ; Pugh, 1998). 그러므로 유아가 음악을 즐기며 자기를 표현할 수 있는 가장 보편적인 방법은 노래부르기이며, 이는 유아들의 일상생활에서 가장 쉽게 그리고 가장 흔히 경험하는 중요한 음악 활동이다(김영연, 1996 ; Cykler, 1972 ; Forsthe, 1997 ; Moore, 1981).

Kodály의 음악교육 원리는 노래부르기를 모든 음악분야의 본질적인 요소로 보았으며, 사람의 목소리를 가장 아름다운 악기이며 음악문화라고 보아 가창중심 교수법을 주장하였다(Choksy, 1974). 노래부르기는 음악을 경험하고 학습하는 가장 직접적인 방법이며(Scott-Kassner, 1998), 모든 유아가 습득해야 할 중요한 능력으로 기악, 감상, 창작 등 음악교육 과정의 다른 영역의 학습에 필요한 음악 감각을 형성하기 위한 기본 도구로서 조기 음악교육의 핵심적인 활동이다(이연경, 1999). 그러므로 많은 음악교육의 접근들은 음악교육을 위한 가장 좋은 출발로서 노래부르기를 장려하고 있다(Young & Glover, 1998).

노래부르기는 음악적 경험의 중요한 요소일 뿐만 아니라 유아교육의 중요한 교육과정 구성 요소 중 하나로서, 이는 유아교육에서 보편적으로 추구하는 통합교육과정 운영의 자료로 유용하다(김영연, 1996 ; Hart et al., 1997).

유아의 노래부르기 활동을 지원하기 위하여 일차적으로는 노래를 부르기에 가능한 목소리의 한계(음역)를 잘 파악하여야 하고 유아에게 적절한 동요를 잘 선정하는 것이 필요하다. 그러므로 본 장에서는 유아의 음역과 동요의 선정, 동요지도의 방법과 지도시 교사의 고려 점에 대하여 알아보고자 한다.

### 1) 유아의 음역

음역(vocal range)이란 노래를 부를 때 소리를 낼 수 있는 최저음부터 최고음까지의 범위를 말하며 그 범위는 아래와 같이 음이름으로 표기한다.

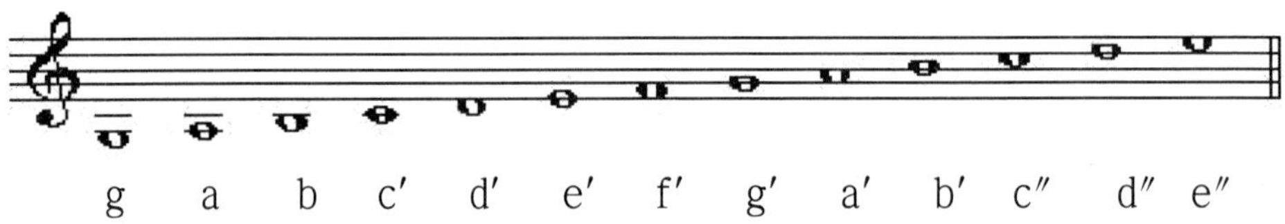


DeCarbo & Nelson(2002)은 인간의 가능한 음역을 세 옥타브 정도로 보았으며, McDonald(1978)는 보통의 성인이 평균적으로 낼 수 있는 음역을 2옥타브로 보았다. 그러나 유아는 아직 음역이 충분히 발달하지 않았으므로 개인적 발달 특성에 따라 제한된 음역 내에서 노래 부를 수 있다(Taylor, 1995 ; Young & Glover, 1998). 그러므로 음역은 유아가 편안하게 노래부르기 위한 기본 조건이다(김영연, 1995 ; Brewer, 1995 ; Smith ; 1970, 이영옥, 1999, 재인용). DeCarbo & Nelson(2002)은 유아가 노래할 때 95%는 a♯이나 b로부터 위로 9도의 음인 b′나 c″ 사이의 음역에서 주로 노래한다고 보았다.

유아의 음역에 관하여는 뚜렷한 연구 결과가 없다고 할 정도로 연구자에 따라 서로 다른 음역을 제시하고 있다(김영연, 1995). 그러나 유아의 음역 발달에 대한 일반적인 경향을 보면 첫째, 유아의 음역은 연령이 높아질수록 확대되어지며 개인차가 있다는 것이다(Kim, 2000 ; McDonald & Ramsey, 1978 ; Revese, 1958 ; Shelly, 1969 ; Simon, 1970 ; Swanson, 1964 ; Taylor, 1995 ; Wassum, 1979). 그러므로 노래 선정시 유아의 최대 음역 내에서 이를 고려하여야 한다. 둘째, 유아는 저음보다 고음에서 음역의 확대 속도가 빠르다(Boardman, 1964, 김영연 ; 1996 재인용). 즉, 고음에서 음역의 확대 폭이 저음에서 음역의 확대 폭보다 더 넓음을 의미한다. 셋째, 유아는 모방하여 부르는 노래보다 자발적인 노래의 음역이 더 넓다(McDonald, 1979 ; Flowers, & Dunne-

Sousa, 1990). 넷째, 유아는 노래를 시작할 때 자신의 음역 중 높은 음역보다는 낮은 음역에서 시작하는 경향을 보인다. Greenberg(1979)에 의하면 유아들은 반주나 교사의 시범 등 시작 음에 대한 특별한 요구가 없으면, 대개는 d′나 e′ 정도에서 노래를 시작한다.

3~5세 유아의 음역에 대하여 학자들 간의 연구 결과는 아래와 같이 서로 상이하며 이는 시대와 국가에 따라서도 차이를 나타냄을 알 수 있다. 유아의 음역에 대하여 학자 간 이견을 보이는 것은 표준집단이 갖는 특성과 측정 도구 및 측정 방법의 차이에서 비롯되는 것으로 여겨진다.

유아의 음역

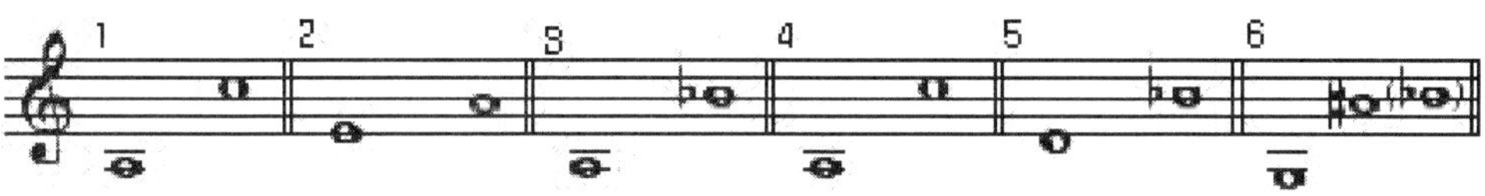


a c″ e′ a′ a bb′ a c″ d′ bb′ g a#′(bb′)

* 1. 福田(1940) 2. Revese(1958) 3. Kirkpatrik(1962) 4. 어린이생활지도 연구원(1980) 5. Gutzman (1984) 6. 이재임(1986)

유아의 음역은 유아가 편안하게 노래 부를 수 있는 음역과 유아가 노래할 수 있는 최대 음역이 있으며, 유아가 편안하게 노래 부를 수 있는 음역에 대하여는 아래에서 보는 바와 같이 학자들의 연구결과가 c′나 d′에서부터 g′나 a′까지로 대동소이하다. 유아들의 최대 음역에 대하여는 국내 연구들(김성균, 1984 ; 손쾌남, 1979 ; 주원숙, 1992 ; 황성숙, 2001)에서 제시하고 있으며, 대략 a나 b에서부터 d″나 e″까지로 나타내고 있지만 최저음과 최고음 인접음은 유아가 노래하는데 무리를 가져올 수 있다.

유아가 편안하게 노래 부를 수 있는 음역

d′ g′ d′ g′ c′ a′ d′ a′ c′ g′(a′) c′ g′

* 1. Swanson(1964) 2. Shelly(1969) 3. McDonald(1978) 4. Greenberg(1979) 5. Brewer(1995) 6. Taylor(1995)

유아의 최대 음역

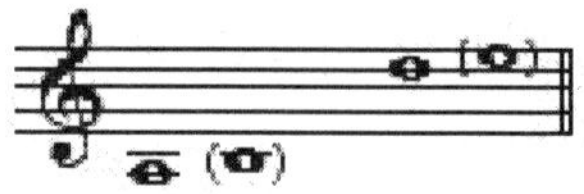

a (b)　　d″(e″)

### 2) 동요의 선정

노래부르기에서 교사가 유아에게 적절한 동요를 제공하는 일은 매우 중요하다. 유아동요는 대상이 유아라는 특수성과 동요가 가지는 일반적 음악의 속성을 동시에 지니고 있기 때문에, 유아에게 적절한 동요란 유아의 발달적 측면과 동요의 음악적 측면이 동시에 고려된 것이어야 한다.

유아의 음악적 발달을 위하여 그들의 음악적 경험은 즐거워야 하고 너무 어렵거나 유아에게 좌절을 주는 수준의 경험은 좋지 않다(Temmerman, 1998). 유아의 음악적 발달에 적합하지 않은 경험은 유아에게 부담을 주게 되며 유아의 음악적 발달을 저해할 수 있다.

지금까지 우리나라 유아교육기관에서의 대부분의 음악활동은 유아의 음악적 능력의 발달에 기초한 음악교육의 이론적 근거 없이 행하여지는 경우가 많았다(김영연, 1997). 유아동요와 관련된 선행 연구들은 유아동요의 부적절한 사례들에 대하여 꾸준히 지적해 오고 있다(김성렬, 1973 ; 김영연, 1996 ; 민병혜, 1987 ; 주원숙, 1992 ; 허정희, 1992 ; 김성례, 1994 ; 전인옥, 2000 ; 주영은, 2000).

유아는 아직 음역이 제한적일 뿐 아니라 음감과 리듬감이 충분히 발달되지 못하였으므로, 교사가 유아로 하여금 자신의 음악적 능력의 범주 안에서 노래부를 수 있도록 유아의 노래부르기 능력의 발달 단계에 적합한 노래를 선정하는 것은 중요한 일이다(박정빈, 1995 ; 이희승, 1995 ; Herrold, 2001 ; Taylor, 1995 ; Warner, 1990 ; Young & Glover, 1998).

#### (1) 유아에게 적절한 동요

유아동요는 음악적 산물인 동시에 그 대상이 아직 미성숙한 유아라는 점에서 발달적인 측면을 고려해야 한다. 그러므로 유아동요에서 유아의 발달적 측면에 대한 고려와 동요의 음악적 측면의 고려는 불가분의 관계이다. 그러므로 이 시기에 제공되는 노래는 이러한 이해를 바탕으로 만들어진 것이어야 한다. 즉, 유아에게 적절한 동요란 유아의 발달적 수준에 적절하고 유아의 발달을 도모하며 음악적으로도 균형과 조화를 통한 아름다움을 지닌 것이어야 할 것이다.

지금까지 국내 연구에서 제시한 유아동요의 선정 기준을 보면 항목이나 내용에 있어서 연구자간의 제시 범위가 서로 다르고 단편적이며 적절성에 대한 기준도 서로 일치하지 않는 경우가 많다. 내용도 동요의 선정 기준이기보다는 유아동요 선정시의 가장 일반적인 고려사항(예 : 너무 넓지 않은 음역이어야 한다)을 제시하는 정도로 구체적이지 못한 경우가 있다. 그러므로 현재 유아동요에 대하여는 적절한 동요를 선정하기에 지침이 될 수 있는 뚜렷한 자료가 없다고 보아도 무리가 없다.

유아에게 적절한 동요인지 부적절한 것인지를 파악하는 일은 단편적으로 제시하는 몇 가지 조건들만 가지고 판단하기에는 충분하지 않다. 만일 음역이 유아에게 적절하고 리듬이 매우 단순하여 유아에게 적절하다 하더라도, 노래부르기에 난해한 음정을 포함하거나 노래말이 유아의 이해와 정서를 벗어난 것이라면 유아에게 부적절하며, 만일 노래말을 포함한 리듬, 음정, 형식 등이 유아에게 적당하다 하더라도, 음역이 너무 높거나 낮으면 결국 유아가 노래부르기에는 어려움을 겪게 되므로 부적합할 수밖에 없다. 그러므로 유아에게 적절한 동요를 선정할 때는 적절한 동요의 요건에 대한 이해와 이를 바탕으로 하여 종합적으로 판단하는 교사의 전문성이 요구되어진다.

본서에서 제시하는 유아동요의 요건은 이러한 관점에서 기존의 국내외 연구에서 밝히는 유아의 음악적 능력의 발달 및 유아의 노래부르기 능력의 발달에 대한 실험 연구 결과와, 동요의 선정 및 분석에 관련된 연구물, 동요의 음악적 표현 원리에 대한 문헌과 전문가의 검토를 거쳐 최종 정리한 것이다. 유아동요로서의 적절성 판단의 준거로서 동요의 구성요소를 박자, 조성, 형식 및 길이, 음역, 빠르기, 셈여림, 리듬, 가락, 음정, 노래말의 10개의 항목으로 나누어 유아에게 적절한 동요의 요건을 제시하였다(임혜정, 2004).

1 박자

박자의 유형을 보면 2박자나 4박자계의 홑박자(2/4, 2/8, 4/4 등)는 경쾌하고 생동감을 줄 수 있으며 유아들이 선호하나, 유아의 조화로운 심성 발달을 위하여서는 2박자나 4박자계 뿐 아니라 3박자(3/4, 3/8 등)나 2박자계의 겹박자인 6박자(6/4, 6/8 등) 같은 부드럽고 유연성 있는 음악도 필요하다.

변박은 유아들의 박자감에 혼란을 초래할 수 있으므로 유아에게 부담이 될 수 있지만 변박된 부분의 가락이 유아에게 매우 익숙한 가락일 때(예를 들면, '아리랑'가락 같은)는 별 무리 없이 표현이 가능하다.

2 조성

유아는 활동적이고 밝으므로 유아동요는 밝고 경쾌한 느낌의 장조가 더 잘 어울린다. 그러나 단조의 노래라도 노래말과 곡의 흐름이 대단히 우울하지 않은 것은 정서 발달의 균형을 이루기 위해 바람직하다. 조바꿈된 노래는 간혹 혼란을 초래할 수 있다. 조바꿈 과정에서는 임시표를 사용하는 경우가 빈번히 발생하므로 이때 나타나는 반음계적 가락이 유아가 노래하기에 어려움이 없는지 고려해야 하며, 따라서 조가 바뀌는 부분의 가락이 얼마나 자연스러운지를 고려하여야 한다. 그러나 조바꿈은 노래의 분위기와 느낌에 변화를 줌으로써 음악적인 아름다움을 느끼게 할 수 있는 요소이므로, 유아가 노래부르기에 큰 무리가 없다면 유아의 수준에 맞는 곡을 제시할 수 있다.

3 형식 및 길이

유아의 노래는 너무 길지 않아야 하며 대략적으로 16마디 내외가 적당하나 곡의 길이는 연령에 따라 조절될 수 있다. 조금 더 긴 곡이라도 반복되는 형식(예 : a-a′, a-b-c-b 등)의 곡은 노래부르기에 용이하다. 이야기를 노래화한 것(story song), 부르고 대답하는 형식의 곡, 자장가, 게임송 등은 유아의 흥미를 끌 수 있다. 유절형식(노래말의 각 연을 같은 가락으로 부름)은 같은 가락에 노래말만 바꿔 부르게 되므로 통절형식(연마다 가락이 서로 다름)보다 더 노래부르기 수월하다.

④ 음역

유아들이 노래를 부를 때 낼 수 있는 최대 음역은 대략 a-e″ 정도이지만 최저음과 최고음 인접음은 유아가 노래하는데 무리를 가져올 수 있다. 유아가 편안하게 노래 부를 수 있는 음역은 c′-a′정도이다. 유아의 음역은 연령이 높아질수록 확대되며 개인차가 있으므로 유아의 최대 음역 내에서 이를 고려하여야 한다. 유아의 가능한 음역 내에서라도 노래의 시작 음이 고 음역에 위치할 경우에는 유아가 첫 음을 내기 힘들므로 노래의 시작은 저 음역이나 중 음역이 더 좋다. 유아의 음역 내에서 좁은 음역(대략 3-5도 정도의 범위)으로 된 노래는 유아가 노래부르기에 무리는 없으나 제한된 좁은 음역으로 인하여 노래의 가락이 너무 단순해질 수 있다. 그러므로 유아의 음역 내에서 좁은 음역의 노래가 반드시 좋은 것은 아니며 유아의 음역 내에서 음악적 아름다움을 최대한 살린 곡이라야 좋다.

⑤ 빠르기

유아들은 느린 곡보다 빠르고 경쾌한 곡에 더 잘 반응하며 느린 곡보다 빠른 곡을 더 잘 부른다. 유아에게 적당한 빠르기는 대략 ♩가 단위 박일 때는 ♩=80－120, ♪가 단위 박일 때는 ♪= 80－120, ♩.가 단위 박일 때는 ♩.=80－104 정도가 적당하다. 너무 빠르거나 너무 느린 곡은 유아의 운동신경 발달의 미숙과 호흡 조절의 미숙으로 노래말과 가락의 정확한 표현이 어렵다. 빠르기는 노래말을 포함한 곡의 성격과 분위기에 따라 빠르게, 보통 빠르기, 느리게 등으로 달라질 수 있으며 같은 곡이라도 빠르기에 따라 느낌이 달라 질 수 있다. 그러므로 모든 유아동요에 동일한 빠르기를 적용해서는 안되며, 곡의 성격과 분위기에 따라 유아에게 가장 적당한 빠르기가 적용되어야 한다.

⑥ 셈여림

유아기는 셈여림에 대한 감각과 반응이 빠르므로 노래부르기에서 다양한 셈여림의 표현은 유아가 즐겁게 노래 부를 수 있는 요소가 될 수 있다. 그러므로 성대에 무리를 주지 않는 범위 내에서의 셈여림의 변화는 적당하다. 그러나 유아의 능력을 고려할 때 악보에 셈여림을 지정하고 표현을 강요하기보다는 자신의 느낌에 따라 다양하게 표현해 보도록 하는 것이 효과적이다.

### 7 리듬

유아는 생동감 있고 경쾌한 리듬(예 : ♪.𝅘𝅥𝅯♩/♪.𝅘𝅥𝅯♩/♪.𝅘𝅥𝅯𝅗𝅥)에 더 잘 반응한다. 연령이 어릴수록 리듬이 단순하고 반복적이며, 규칙적인 박자감이 잘 느껴지는 리듬형이 좋다. 긴박과 너무 긴박은 유아의 호흡 조절에 무리가 따르며, 너무 짧은 박의 연속(빠른 리듬 패턴)은 리듬과 음정, 노래말에 있어서 하나씩 정확히 표현하기에 너무 급하므로 노래하기에 무리가 따른다.

♪.𝅘𝅥𝅯나 당김음, 세잇단음표 등은 유아가 이해하기 어렵다. 그러나 유아는 보고 부르기가 아니라 주로 듣고 배우는 방법으로 터득하므로, 이 같은 리듬 자체보다는 전후 리듬과의 연결이 자연스러운 리듬 패턴을 이루고 있는지와 반복되는 형식으로 나타나고 있는지 여부를 파악하여야 한다. ♪.𝅘𝅥𝅯나 당김음, 세잇단음표 등과 같은 리듬형이라도 하나의 리듬 패턴이 일관성 있는 반복으로 구성될 때 노래하기에 좀더 수월하다. 같은 리듬이라도 음정 구조에 따라 리듬의 표현에 영향을 미치므로 이는 가락의 형태와 함께 그 적절성을 고려해야 한다. 또한 같은 리듬이라도 느린 곡에서는 노래부르기에 무리가 없으나 빠른 노래의 경우에는 노래부르기에 어려움을 겪는 경우가 많으므로, 같은 리듬형이라도 곡의 빠르기에 따라 노래부르기의 난이도는 달라진다.

리듬의 구조는 가사를 자연스럽게 전달할 수 있는 구조이어야 한다. 같은 문장 구조라도 리듬의 구조에 따라 의미가 잘 전달될 수도 있고 의미 전달에 어려움이 초래될 수도 있다. 각 악절(phrase)의 끝(종지 : cadence)은 유아들이 숨쉬기에 무리가 없는 리듬 구조여야 한다. 그러므로 각 악절의 마지막 음은 보통은 두 박자 이상(느린 곡은 한 박자 이상도 가능)이거나 쉼표로 처리되어야 숨쉬기에 무리가 없다.

### 8 가락

유아동요는 단순한 리듬과 가락으로 되어 있지만 리듬이 지나치게 단순하거나 (예 : ♩ ♩ ♩ ♩ ♩ ♩ ♩ ♪) 같은 음을 계속 반복하는 식의 가락의 진행은 무미

건조하고 음악적 아름다움을 놓칠 수 있다. 그러나 위와 같은 리듬형이나 가락도 빠르기에 따라 느낌이 다르므로(빠른 곡은 좀 덜 지루하고 경쾌할 수 있음) 이는 곡의 빠르기와 함께 고려하여야 한다. 가락의 흐름선이 줄곧 상행의 형태를 취하면 노래의 분위기는 고조되나 유아가 노래하기에 무리가 될 수 있으며, 가락의 흐름선이 줄곧 하행의 형태를 취하면 노래의 생기를 잃을 수 있다. 가락의 강세는 노래말의 강세를 방해하지 않도록 자연스러워야 하며, 가락에서 음의 높낮이는 노래말의 강세를 방해하지 않아야 한다. 우리나라의 전통음악은 주로 5음계로 구성되어 있다. 전래동요는 민족의 고유한 문화유산이며 노래부르기를 위한 훌륭한 자원이다(Kodály). 그러므로 유아의 노래부르기 활동시 전래동요나 민속적 가락으로 된 창작동요를 활용하는 것은 매우 적절 하다.

⑨ 음정

유아는 음감이 충분히 발달하지 않았으므로 반음계적 음정보다는 온음계적 음정이 좋다. 유아동요의 음정 구성은 대략적으로 6도 이내의 음정들로 이루어지는 것이 좋다. 어린 연령일수록 순차진행을 주로 하는 음정 폭이 좁은 곡이 좋으며 연령이 높아지면서 6도 음정까지 확대될 수 있다. 유아가 노래부르기에 3도의 음정은 용이하며 상행 보다 하행의 형태가 더욱 용이하므로 어린 연령에게 좋다. 또한 3도의 음정은 연속적으로 두 번 도약하여도 노래부르기에는 무리가 없다. 7도 음정은 음정 폭이 넓을 뿐 아니라 안어울림 음정으로, 비선율적이며 정확하게 표현하기에 어렵다. 8도의 옥타브 진행은 음정 폭이 너무 넓어서 음감이 충분히 발달되지 않은 대부분의 유아들에게는 용이하지 않다. 유아가 노래할 수 있는 음정 내의 음정으로 이루어진 가락이라도 같은 방향으로 연속적 도약진행은 정확히 표현하기에 어려우며 도약 폭이 클수록, 도약 횟수가 많을수록 더욱 어렵다.

⑩ 노래말

유아의 일상생활이나 유아의 경험과 밀접한 관련이 있는 내용으로 유아의 기분이나 감정을 다룬 노래말은 유아의 흥미를 끌 수 있으며 능동적인 표현을 유도한다. 노래말은 유아가 이해하기 쉬운 내용이어야 하며, 호기심과 상상력을 불러일으키고 흥미를 자극할 수 있는 것이 좋다. 유아는 동물이나 유아 자신에 관한 노래를 즐기고 어떤 무의미한(nonsense) 운율이나 운이 잘 맞는(예 : 짤랑 짤랑) 소리들로 구성된 다양한 노래들을 좋아한다. 비교육적 어휘나 심성발달에 저해되는 속어, 대중적인 성인용어나 부정적 언어는 피해야 하며, 유아의 성격과 정서를 정화시키고 유아로 하여금 행복감과 아름다움을 느낄 수 있게 하는 노래말이 좋다.

시대에 따라 유아의 생활상이 다르므로 노래말은 동시대의 가치를 반영할 수 있어야 하며 건설적이고 긍정적이며 문학적인 가치가 있는 것이 좋다. 유아로 하여금 환경과 지구를 사랑하고, 개인주의나 이기주의를 피하고 다양한 문화와 다양한 인종을 수용하는 세계시민으로 자랄 수 있게 하는 노래말이 좋다. 따라서 성, 인종, 신체적 능력 등에 대한 통념화된 역할을 고집하지 않아야 하며, 장애 유아에게 배타적이지 않아야 한다. 노래말의 길이는 너무 길지 않은 어구로 되어야 하며, 연령이 어릴수록 노래말이 짧고 반복이 많으면 좋다.

실제로 최근 우리나라 유아교육기관에서 선호하는 동요들에 대한 분석에서 나타난 유아에게 적합한 동요와 부적합한 동요의 특징을 보면 다음과 같다(임혜정, 2004).

*** 유아에게 적합한 동요의 특징**

① 가락의 진행은 음정 폭이 넓지 않으며 순차진행이 많다.

② 반복적 구조가 많다

③ 간단한 음표와 단순한 리듬을 주로 사용한다.

④ 유아의 호흡을 고려하여 리듬을 처리하였다.

⑤ 가사의 강세와 문법 구조에 따른 리듬 및 가락 표현이 적절하다.

*** 유아에게 부적합한 동요의 특징**

① 가사에 대한 음악적 표현이 부적절하다.

② 유아가 노래하기에 복잡한 리듬으로 되어 있다.

③ 자연스럽지 못한 음정의 진행으로 되어 있다.

④ 유아가 호흡을 조절하기 곤란한 리듬으로 진행한다.

⑤ 가락흐름선의 굴곡이 심하다.
⑥ 센내기의 곡에서 여린내기 악절로 인한 혼란을 가져온다.
⑦ 가락이 같은 방향으로 계속 진행된다.
⑧ 고음에서 반복되는 음을 사용하였다.
⑨ 노래의 시작 음역이 너무 높다.
⑩ 가사의 문법 구조에 따른 곡을 시작하는 방식(센내기, 여린내기)이 부적절하다.
⑪ 같은 음의 지속적인 반복으로 인하여 가락의 진행이 원활하지 못하다.

### (2) 적절한 동요의 수준별 분류

유아기는 발달 속도가 매우 빠르므로 연령에 따라 유아의 신체적 발달이나 지적 발달과 더불어 음악적 능력의 발달에 있어서도 많은 차이를 보인다. 유아에게 적절한 동요라 하더라도 어린 연령의 유아에게 적절한 동요와 좀더 높은 연령의 유아에게 적절한 동요는 분명히 다르다. 높은 연령의 유아에게 적절한 동요를 어린 연령의 유아가 노래 부르고자 할 때 음역이 너무 높거나 음정의 도약이 심하여 어려움을 초래한다면, 이 노래는 어린 연령의 유아에게는 부적절한 동요로 취급될 수밖에 없다.

그러므로 적절한 동요라 하더라도 유아의 노래부르기 능력의 발달 정도에 따라, 어린 연령에게 적절한 동요의 수준(낮은 수준)과 좀더 높은 연령의 유아가 부르기에 적절한 동요의 수준(높은 수준)으로 분류할 필요가 있으며 이를 위하여 적합한 분류의 기준이 필요하다. 유아의 노래부르기 능력은 개인차가 많으므로 반드시 연령에 의하여 구분되어지지 않으며, 같은 연령의 집단이라 하더라도 집단의 특성(지역적, 환경적, 경험적)에 따라, 혹은 개인의 능력에 따라 그 수준이 다를 수 있으므로 이를 고려함이 필요하다. 아래의 동요의 수준별 분류는 위에서 밝힌 유아에게 적절한 동요의 조건 중 유아의 노래부르기 능력의 발달 수준에 따른 특징을 비교적 뚜렷하게 구별할 수 있는 요소인 형식 및 길이, 음역, 리듬, 가락, 음정의 다섯 가지 요소에 대하여 높은 수준과 낮은 수준의 특징을 정리하여 수준별로 분류한 것이다.

곡의 수준을 구분하는데 있어서 음역과 같은 요소는 유아가 편안하게 노래 부를 수 있는 기본 조건(김영연, 1995 ; Brewer, 1995 ; Smith, 1970, 이영옥, 1999, 재인용)으로서 어느 정도 발달에 따라 구분이 가능하지만, 형식 및 길이의 경우는 수준별 구분을 하는데 가락의 구조가 변인으로 동시에 작용하므로 정확한 경계를 설정하는 것은 어려울 수 있다. 음정의 경우에는 같은 음정이라도 리듬의 구조나 가락의 형태에 따라 난이도가 달라지므로 독립적으로 수준을 판단하기에 어려움이 따른다.

그러므로 곡의 수준을 분류하는 기준의 제시는 유아의 능력의 범위 내에서 수준의 높고 낮음에 대한 대략적인 제시이며 실제 적용에 있어서는 이를 참고로 하되 구성요소간의 유기적 결합의 산물인 가락에 대한 종합적인 평가가 필요하다고 본다.

적절한 동요의 수준별 분류

| 요 소 | 낮은 수준 | 높은 수준 |
|---|---|---|
| 음 역 | · 주로 유아가 노래하기 편한 음역인 c′-a′의 범위 내에서 이루어진 곡 | · 유아의 최대 음역인 a-e″ 범위 내에서 이루어진 곡 |
| 음 정 | · 음정의 폭이 좁은 곡<br>· 연속적인 도약이 많지 않은 곡<br>· 2도나 3도 음정은 어린 연령이 노래 부르기에 용이함<br>· 온음계적 음정이 좋음 | · 6도 이내의 음정으로 된 곡<br>· 반음계적 음정이라도 빈번하지 않으며, 리듬과 가락이 자연스러운 진행이면 가능함. |
| 형식 및 길이 | · 12마디 이내의 곡<br>· 12마디 이상이라도 반복되는 악절을 포함한 곡이면 16마디 정도의 범위 내에서 무난함 | · 16마디도 가능하며 그 이상이라도 반복되는 악절을 포함한 곡이면 무난함 |
| 리 듬 | · 주로 단순하고 반복적인 리듬으로 구성된 곡<br>· 박자감이 명확한 곡<br>· 어린 연령의 유아가 숨쉬기에 어려움이 없는 리듬 구조로 된 곡 | · 다소 복잡한 리듬(잇단음표나 당김음 등)이라도 리듬 패턴이 반복적이거나 자연스러운 진행이면 가능함 |

| 가 락 | · 가락의 흐름선이 완만함<br>· 순차진행이 많음<br>· 반복적인 가락이 많음 | · 가락의 흐름선이 굴곡적이라도 넓은 음정구조가 아니면 가능함<br>· 도약진행의 가락이라도 유아의 가능한 음정 내에서 이루어진 자연스런 가락이면 가능함 |
|---|---|---|

### (3) 유아에게 적절한 동요의 분석 예

1 낮은 연령의 유아에 적절한 동요

**안 녕**

① 박자 : 4/4

② 조성 : 다장조(C major)

③ 형식 및 길이 : 8 마디의 a b로 구성된 한 도막 형식이다.

④ 음역 : c′-a′로 음역이 좁으며 유아가 편안하게 노래 부를 수 있는 범위 내에서 이루어졌으므로 어린 유아에게도 무리가 없다.

⑤ 음정 : 가락에서 사용된 최대 음정은 3도이며 주로 2도의 음정으로 순차진행하므로 음정의 폭이 좁아 어린 연령의 유아들이 부르기에 적당하다.

⑥ 리듬 : 같은 리듬형의 반복이 많고 주요리듬은 ♪♩.♪♩.로 곡 전체를 통해 3회 반복된다.

⑦ 가락 : 1-2마디와 3-4는 동형진행으로 되어 있어 유아가 노래를 익히기 쉬우며, 각 악절의 후반부는 유사한 가락으로 되어 있어 노래를 익히기 쉽다. 전체적으로 순차진행 위주의 가락이며 주로 하행하므로 어린 연령도

부르기 쉽다.

⑧ 종합 평가 : 모든 요소가 유아에게 적합한 형태이며 특히 어린 연령의 유아도 쉽게 따라 부를 수 있는 단순하고 반복적인 가락이므로 낮은 수준에 적당하다.

[2] 높은 연령의 유아에 적절한 동요

병원놀이

① 박자 : 3/4

② 조성 : 바장조(F major)

③ 형식 및 길이 : 12마디의 a b c형식으로 노래가 짧아 어린 연령도 노래하기에 쉽다.

④ 음역 : c′-d″로 음역이 다소 높아 어린 연령의 유아들은 편안하게 노래부르기에 어려움이 있다.

⑤ 음정 : 가락에서 사용된 최대 음정은 6도이며 4도, 5도, 6도 도약 음정이 포함된다. 이는 유아의 수준에는 적절하나 어린 연령에게는 정확하게 노래하는데 무리가 될 수 있다.

⑥ 리듬 : ♪.𝅘𝅥𝅯♩♩의 리듬형이 주를 이루며 곡 전체를 통해 9회 반복되어 유아가 노래를 익히기에 용이하다.

⑦ 가락 : 첫째, 셋째 악절은 3도와 5도의 도약 진행을 포함하는 가락이며, 둘

째 악절은 상대적으로 순차진행 위주의 가락이며 가사와 리듬의 결합이 적절하다.

* 종합 평가 : 대체로 모든 요소가 유아동요의 범위 내에서 이루어지고 있으나 음역이 높고 넓으며 음정 폭이 다소 높아 높은 수준에 적당하다.

### 여름 냇가

① 박자 : 4/4

② 조성 : 바장조(F major)

③ 형식 및 길이 : 8마디의 a a′형식으로 노래가 짧아 어린 연령도 노래하기에 쉽다.

④ 음역 : e′-d″로 음역이 다소 높아 어린 연령의 유아들은 편안하게 노래부르기에 어려움이 있다.

⑤ 음정 : 가락에서 사용된 최대 음정은 6도 음정이나 그 외에는 대부분 2도 음정이다.

⑥ 리듬 : 4분 음표와 8분 음표를 주로하는 비교적 단순하고 박자감이 잘 느껴지는 리듬형으로 구성되어 있어 유아가 노래를 익히기에 용이하다.

⑦ 가락 : 순차진행 위주의 가락이며 가사와 리듬의 결합이 적절하여 노래부르기 쉽다.

* 종합 평가 : 대체로 모든 요소가 유아 동요의 범위 내에서 이루어지고 있으나 음역이 높고 넓으며 음정 폭도 다소 높아 높은 수준에 적당하다.

### 3) 동요지도 방법

유아에게 적절한 동요가 선정되면 효과적으로 유아가 노래를 배우고 부를 수 있는 과정이 필요하며, 이를 단계적으로 살펴보면 다음과 같다.

#### (1) 사전 환경조성

새 노래에 대하여 친근감을 가질 수 있도록 사전에 자유선택활동 시간이나 식사시간 등을 이용하여 음악을 들려주면 유아에게 친숙해질 수 있어서 좋다.

#### (2) 동기 부여

새 노래를 가르칠 때는 노래의 주제나 노래말과 관련된 그림자료, 소도구, 영상자료, 음향자료(동물 울음소리, 각종 자동차 소리 등) 등을 이용하여 노래의 내용을 소개하면 유아의 흥미와 이해도를 높일 수 있다. 또한 노래의 주제와 관련하여 짧은 동화를 꾸며 들려주거나 주제에 관련된 유아의 경험을 이야기 나누기, 간단한 게임(수수께끼 놀이나 나는 누구일까요 게임 등) 등을 통하여 노래의 내용에 대한 이해를 증진시킬 수 있다.

'부록의 동요지도의 실제 중 177페이지 참조'.

#### (3) 교사의 Modeling

노래를 배우는데 있어서 교사의 Modeling은 매우 중요하다. 교사의 목소리, 눈빛, 동작, 입 벌리는 모양 등, 일체가 노래를 익히는데 효과적으로 작용되므로 어느 것도 소홀히 할 수 없다. 교사는 반드시 곡을 외워 부를 뿐 아니라 노래와 어울리는 율동을 함께 할 때, 유아의 곡에 대한 이해가 빠르며 더욱 흥미를 가질 수 있다. 교사의 음정은 항상 정확해야 하나 정확성에 확신이 없다면 CD나 녹음테이프를 들려주어 보완할 수 있다.

### (4) 유아와 함께 노래부르기

유아와 함께 노래부르기를 할 때는 부분을 끊어서 가르치는 분절법 보다는 곡 전체를 중단없이 불러보는 전체법이 더 좋다. 물론 가락에 대하여 가사가 여러 절로 되어 있는 경우에는, 우선 1절로 충분히 노래를 익힌 후 나머지 절을 노래하면 가락에 익숙하여진 다음에 가사만 바뀌는 식이므로 좀더 쉽게 나머지 절을 익힐 수 있다. 노래를 한 소절씩 끊어서 가르치면 곡 전체의 흐름이 중단되어 전체적인 분위기를 느끼는데 지장이 있다. 그러나 유아가 정확하게 표현하지 못하는 특정 부분의 부분연습을 위하여 어느 한 부분을 떼어서 여러 번 불러볼 수는 있다. 노래를 부를 때는 무엇보다도 편안한 분위기를 조성하고 심리적 안정과 즐거운 마음으로 마음껏 표현하도록 도와야 한다. 흥에겨운 나머지 너무 거칠고 큰소리를 질러내지 않도록 하고 부드러운 소리와 정확한 발음으로 노래하도록 한다. 유아에게 너무 높은 음역이나 낮은 음역의 노래는 노래 부르기에 지장을 초래하므로 조를 낮추거나 높여서 음역을 조절할 수 있으면 좋다. 교사의 조옮김 능력이 부족한 경우에는 조옮김 기능이 있는 디지털피아노를 이용하면 초보자라도 손쉽게 조옮김이 가능하다.

### (5) 부분 연습

가사의 발음이 어렵거나 리듬의 표현이 정확하지 않거나 음정이 부정확한 부분 등 유아가 노래부르기에 어려운 부분은 따로 떼어 교사의 시범과 함께 유아를 교정하는 과정을 여러 번 반복한 후 전체를 연결하여 불러본다. 음정의 교정은 피아노 등을 여러 번 쳐서 들려주면 좋다.

### (6) 반주에 맞추어 노래부르기

노래부르기 활동에서 반주의 역할은 매우 크다. 반주는 가락을 정확하게 표현하여 유아들이 정확하게 노래하도록 돕는 이외에 화성과 리듬감을 통하여 곡의 분위기를 살려주고 아름다움을 느끼게 하는 훌륭한 도구이다. 가락이 몸의 뼈대라고 한다면 반주는 옷을 입히는 것과 같다. 옷을 입지 않은 뼈대만으로는 아름다움을 표현하는데 빈약하며, 또한 어떤 옷으로 꾸미는가에 따라 분위기는 다양하게 표현될 수 있다. 그러므로 유아의 노래부르기 활동에서 교사의 반주 능력은 매우 중요하다. 반주와 관련하여 교사에게 지침이 되는 몇 가지를 제시하면 다음과 같다.

① 피아노로 반주하는 경우 교사는 반주하는 동안 유아와 시선이 분리되지 않도록 하여야 한다. 일반적인 피아노는 악기가 크므로 교실 한쪽 벽면에 붙여 배치하는 것이 보통이다. 이 경우 교사는 유아의 측면으로 앉아 연주하게 되므로 유아의 시선과 마주치지 못하게 되며 이는 유아와의 상호작용에 불편을 초래하고, 유아는 교사의 입모양과 표정 등을 놓치므로 노래를 익히는데도 비효과적이다. 그러므로 교사는 고개를 돌려 유아를 쳐다보며 반주할 수 있으면 좋다. 그러나 유아교사들의 반주 능력이 충분치 않아 현실적으로 쉬운 일은 아니다. 그러므로 이 경우 키가 낮은 디지털피아노나 이동이 쉬운 전자키보드 등으로 반주하면 이러한 문제를 해결할 수 있다.

② 교사는 반주시 동시에 노래를 부르며 유아에게 시선을 두어야 한다.

③ 반주시 오른손의 주된 가락이 유아에게 잘 전달되도록 하기 위하여 왼손의 반주를 오른손보다 조금 작게 연주하면 좋다.

④ 교사는 유아들이 노래의 시작점을 잘 파악할 수 있도록 확실한 전주를 해야 한다.

⑤ 전주를 할 때는 곡의 적당한 속도를 파악하여 처음부터 일관된 속도로 끝까지 진행되어야 한다.

⑥ 반주는 곡의 분위기에 잘 맞는 반주형을 선택해야 하고 가락에 어울리는 화성이 바르게 선택되어야 한다.

⑦ 디지털피아노나 키보드의 경우는 노래를 부를 때마다 음색을 달리해 가며 반주하면, 유아에게 새로운 소리에 대한 즐거움과 흥미를 제공하게 될 것이다.

### (7) 창의적인 다양한 방법으로 노래부르기 즐기기

유아들이 동요를 충분히 익혀서 익숙하게 된 후에는 원곡을 다양하게 변화시켜 노래부르기를 하면 좋다. 이는 유아에게 창의적 사고와 창의적 표현의 기회를 제공하는 것으로서 매우 좋은 방법이다. 이러한 변화의 방법 적용에 있어서 중요한 것은 그 곡이 가지고 있는 특성에 따라 어떤 변화의 요소를 적용시킴이 가능한지를 탐색하는 것이다. 아래는 이와 관련한 몇 가지 예를 제시한 것이다.

① 노래의 특정 부분 가사를 바꾸는 방법

예 : '내동생 곱슬머리 개구쟁이 내동생'에서 동생의 외모적 특징을 살려서 '내동생 보조개의 개구쟁이 내동생'으로

② 곡의 속도를 느리게 혹은 빠르게 변화 주는 방법

③ 곡의 셈여림을 세게 혹은 여리게 혹은 점점 세게나 점점 여리게로 다양하게 변화 주어 불러보는 방법

④ 곡의 특정 부분에 의성어나 의태어, 혹은 특정 단어를 삽입하여 보는 방법

예 : '한 꼬마인디언 두 꼬마인디언……열 꼬마 인디언'을

'한 꼬마인디언 두 꼬마인디언……열 꼬마 인디언 우우우'(인디언 소리 흉내)

⑤ 노래말에 따라 음색에 변화를 주어 불러보는 방법

예 : '곰 세 마리가 한집에 있어 아빠곰 엄마곰 애기곰. 아빠곰은 뚱뚱해 엄마곰은 날씬해 애기곰은 너무귀여워……'

'아빠곰'을 노래할 때는 굵고 큰 목소리로, 엄마곰을 노래할 때는 여성스러운 고운 목소리로, 애기곰을 노래할 때는 귀여운 아기목소리로 작게 노래부르면 더욱 느낌을 살릴 수 있다.

### (8) 평가 및 격려

노래부르기 활동은 유아의 자발적인 참여와 적극적이고 능동적인 표현을 유도해야 하는 것이므로, 유아의 활동에 대하여 교사의 격려는 유아로 하여금 자신감과 적극적인 표현을 이끌어내는 활력소가 된다. 또한 노래부르기 활동을 마무리할 때는 전체적으로 활동에 대하여 평가의 시간을 가지는 것이 좋다. 평가의 내용으로는 활동에서 즐거움을 느낀 부분이나 자신의 느낌, 부족했던 부분 등에 대하여 이야기해 보거나 이와 관련하여 교사가 느낀 점을 이야기할 수 있다.

### 4) 교사가 고려할 점

유아교육기관에서는 동요 선정시 유아동요로서 적합한 동요인지를 고려할 뿐 아니라 연령에 따른 발달 정도를 고려하여 어느 연령에 맞는 동요인지를 고려할 필요가 있다. 그러나 유아의 능력의 범위를 의식하여 너무 단순화한 곡은 음악적 아름다움을 놓칠 수 있으므로, 유아에게 제공되는 동요는 유아의 발달적 수준에 적절하고 유아의 발달을 도모하며 음악적으로도 균형과 조화를 통한 아름다움을 지닌 것이어야 할 것이다. 지금까지의 연구는 동요의 질적 측면의 검토가 너무 부족했던 것이 사실이다. 유아에게 적절한 노래, 부적절한 노래, 부르기 쉬운 노래와 어려운 노래 등에 대한 검토 없이 곡을 제시하는 안일한 태도는 지양되어야 한다.

다양한 작곡가의 곡과 다양한 장르의 곡, 특히 전래동요와 민속적 가락의 창작동요의 보급 및 활용이 요구된다. 이 부분은 유아교육기관과 동요 작곡가 뿐 아니라 음악전문가, 교육행정가, 국악전문가의 관심이 촉구되는 부분이다.

동요지도에 있어서 교사가 놓치기 쉬운 부분 중의 하나는, 간혹 교사는 유아와의 동요 부르기의 즐거움에 빠진 나머지 즐거움을 만끽하는 자체만을 목적으로 하여 음악교육 본래의 목표에 대한 인식을 놓치는 것이다. 노래부르기 활동이 유아에게 즐거운 경험이어야 하는 데는 이의가 없지만 유아의 즐거움만이 목적이 될 수는 없다.

전인옥 · 이숙희(1997)는 유아음악교육의 목표를 '유아들의 음악적 잠재력인 음악 적성을 최대한 계발하고 음악적 개념을 형성하는 것'에 있다고 보고, 이를 위하여 다양한 음악적 활동을 통하여 유아의 생각과 느낌을 자발적이며 창의적으로 표현하게 함으로써, 정서적 안정감과 심미감을 기르고 동시에 유아가 음악적 맥락에 대한 구조적인 이해를 가지고 생각하는 능력을 기르도록 해야 한다고 하였다. 그러므로 교사는 분명한 목표의 테두리 안에서 유아와의 노래부르기 활동을 전개하여야 한다.

### 5) 노래부르기 활동의 실제

부록의 연령별 동요지도의 실제(p 171) 참조.

## 2. 악기다루기

악기는 실제 시각적, 촉각적 경험을 제공하므로 음악적 능력 발달에 있어 매우 주요한 역할을 할 수 있다. 더구나 악기를 사용하면 아동의 상상력과 표현력이 길러지고 창의적인 자기표현의 기회도 갖게 된다. 초기 유아들의 악기다루기는 소리탐색에서부터 시작되어 리듬악기 다루기와 가락악기 다루기 및 리듬합주의 단계까지 발전된다. 특히 리듬합주는 유아로 하여금 소리의 어우러짐에 대한 심미감을 맛볼 수 있도록 하며 박자감, 리듬감은 물론 다른 악기와 맞추는 과정에서 상호 자신의 악기소리를 조절하는 감각을 길러주는 유용한 활동이다. 또한 유아는 합주를 통하여 협동심이 길러지고 악기를 소중히 다루는 마음을 가질 수 있으며 자기성취감을 맛보아 자아개념의 발달이 촉진된다.

### 1) 소리탐색

초기 유아들의 악기다루기는 소리탐색과 리듬탐색에 초점이 있다(Brewer, 1992). 어린 유아들에게는 소리나는 모든 것이 악기가 될 수 있으며 유아들은 소리나는 물체에 호기심을 가지고 소리를 내려고 시도해 본다. 심지어는 매우 어린 유아들까지도 팬이나 남비 등을 두드리며 소리를 낼 수 있다. 그러한 행동들은 보통 지속되며, 그들은 실로폰이나 벨, 흔들어서 소리를 내는 악기 등의 소리를 탐색하려 한다(Brewer, 1992). 때때로 악기는 유아들이 즐기는 이야기의 효과음으로 사용되기도 하며, 다양한 소리를 만드는 과정을 통하여 유아는 음색, 음정, 리듬, 템포 등의 음악의 기본 요소를 배울 수도 있다. 예를 들어, 유아들에게 여러 가지 악기들을 보여 주고 각자 소리를 내 보게 하면서, "빗방울 떨어지는 소리는 어떨까?, 숲 속의 곰은 어떻게 다닐까?, 더 크게 해 볼 수 있겠니?, 더 빨리 할 수 있겠니?, 더 길게 내 볼 수 있겠니?" 등의 질문을 통하여 다양한 악기소리를 탐색 및 리듬탐색의 기회를 가질 수 있다. 유아는 만 3~4세 경이면 음정에 대한 이해가 생기므로 악기를 사용하여 음정감(pitch concept)을 기를 수 있다. 예를 들면, 실로폰 등으로 대조적인 두 음만을 남겨놓고 다른 건반은 떼어낸 후(참고 : 오르프 교육법) 그것을 번갈아 쳐봄으로써 두 음의 차이를 구별하고 높낮이를 비교함으로 상대적인 음감을 기를 수 있다. 또한 유아들은 자유로운 악기 소리탐색, 혹은 주위의 소리나는 물건(예를 들면, 부엌가구 등) 두드리기 등을 통하여 자연스런 방법으로 소리탐색과 자기표현의 기회를 갖는다.

### 2) 유아에게 적합한 악기

유아의 악기연주 능력은 신체발달 단계와 관계가 깊다. 유아는 음색과 리듬에 대한 감각을 먼저 습득하고 눈과 손의 협응력이 발달하면서 악기를 다룰 수 있게 된다. 유아의 손가락 끝의 기능발달은 8세부터 상승하여 9~10세에 거의 완성된다. 그러나 청감각은 3세부터 급속히 발달하므로 유아에게 악기도입은 빠를수록 좋으며 연주가 용이한 악기부터 다루게 하는 것이 효과적이다.

유아들에게는 가락악기 보다 리듬악기가 다루기 쉽고 소리내기 쉬우므로 먼저 도입되어야 한다. 유아의 신체발달을 고려하여 너무 큰 악기나 무거운 악기는 피하는 것이 좋으며 다양한 소리를 경험할 수 있는 악기들을 제공하면 좋다. 유아들이 주로 다룰 수 있는 악기를 분류하여 보면 다음과 같다.

* 유율악기 : 가락을 낼 수 있는 악기

  타악기 : 실로폰

  건반악기 : 피아노, 오르간, 멜로디언

*무율악기 : 리듬만 낼 수 있는 악기
큰북, 작은북, 트라이앵글, 심벌즈, 캐스터네츠, 탬버린, 우드불럭, 리듬막대, 마라카스, 방울 등

### 3) 악기연주 방법

#### (1) 악기연주의 기본 원리

[1] 힘빼기
몸에 힘이 많이 들어가 있으면 악기 소리가 무겁고 둔해지므로 어깨, 팔, 손목 등의 힘을 빼고 유연성을 유지한 채 자연스럽게 연주해야 한다.

[2] 반동, 탄력, 공명
손가락, 손바닥, 채 어느 것으로 악기를 치더라도 팔의 움직임에 있어서 반동의 원리를 이용하여 탄력있게 쳐서 공명이 훌륭히 이루어지도록 해야 한다.

#### (2) 악기연주 방법

[1] 리듬악기

**① 탬버린**

탬버린은 테만 있는 것과 테와 피면이 함께 있는 것으로 두 종류가 있는데 유아에게는 후자의 것이 더 나으며 크기는 지름 20cm 정도의 것이 좋다. 칠 때는 악기를 가슴 높이 정도에서 왼손의 엄지손가락은 테의 겉면을, 다른 네 손가락은 테의 안쪽 면을 잡고서 오른손으로 친다. 탬버린은 아래와 같이 다양

한 방법으로 칠 수 있다.

* 손바닥으로 치기—강박의 음을 치거나 세게 칠 때에 필요한 연주인데 오른손의 손가락을 가지런히 펴고 손바닥으로 피면을 친다.
* 손가락 끝으로 치기—약박의 음을 치거나 약하게 칠 때에 필요한 연주로서 가운데 세 손가락의 끝을 약간 구부려서 자연스럽게 튕기듯이 친다.
* 트레몰로 주법—왼손의 악기를 위로 들고서 어깨, 팔, 손목의 힘을 빼고 부드럽게 하여 좌우로 재빨리 가늘게 계속 흔드는 주법이다.
* 테치기—테에 달린 쇠들의 소리를 특색 있게 내기 위하여 가벼운 주먹으로 테를 쳐서 방울 같은 소리를 내는 주법인데 오른손의 주먹으로 악기 잡은 왼손의 엄지손가락 앞을 위에서 아래로 내리친다.

**② 캐스터네츠**

캐스터네츠는 원형으로 된 상하 두 개를 맞부딪치며 소리 내는 핸드캐스터네츠와 자루의 끝에 핸드캐스터네츠 모양의 것이 달려 있는 자루 캐스터네츠가 있다. 연주할 때는 캐스터네츠의 벌어진 부분이 연주자의 반대방향, 즉 청중 쪽으로 향하게 하여 왼손바닥 위에 올려놓고 오른손은 어깨, 팔, 손목에 힘을 빼고 가운데 세 손가락으로 가볍게 튀어 오르듯이 친다.

**③ 트라이앵글**

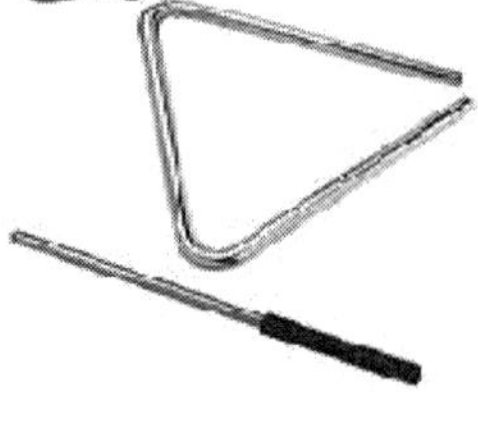

트라이앵글은 고릿줄이 너무 길면 악기가 흔들거리며 움직여서 치기 힘들므로 손가락이 들어가는 정도의 고리 크기로 조절하여 악기를 안정시킨 후 연주하여야겠다. 칠 때는 악기를 몸에 닿지 않도록 20cm 정도 떼어서 가슴 높이쯤에 두고 왼손의 둘째 손가락으로 트라이앵글의 고릿줄에 끼어들고 오른손으로 채를 잡아서 어깨, 팔, 손목에 힘을 뺀 후 악기의 저변의 중앙에 직각으로 가볍게 내리치면 된다. 트레몰로 주법은 삼각형 모서리의 두 변을 빠른 속도로 계속 친다.

**④ 우드블럭**

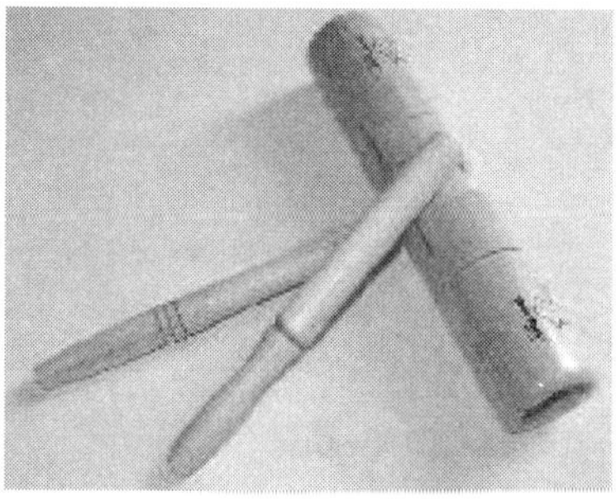
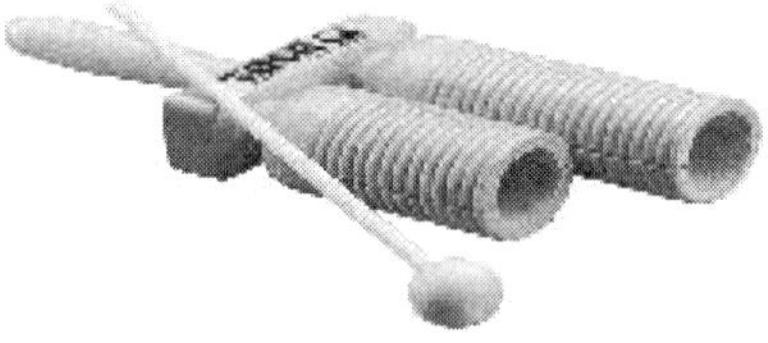

두 개의 원통이 하나에 자루에 달린 이 악기의 양면은 소리의 고저가 다르게 되어 있어서 강 약박의 음을 모두 연주할 수 있는 악기이다. 왼손에 악기의 손잡이를 쥐고 가슴 높이에 두고서 채를 잡은 오른손으로 악기의 양면을 치면 되는데 이 때 악기의 양면에 길게 갈라진 부분을 연주자의 마주 보는 방향으로 향하게 하여 연주해야 한다.

**⑤ 심벌즈**

심벌즈는 크기에 따른 음량이 다른데 유아들에게는 12인치 정도의 것이 알맞다. 우선 악기를 칠 때는 끈 안으로 손을 넣고 한 바퀴 돌리면서 악기에 손이

닿지 않도록 다 잡는다. 칠 때는 각 손에 악기를 한 짝씩 쥔 채 가슴의 높이에서 반동을 충분히 이용하여 상하로 엇갈리게 치거나 또는 맞부딪치게 친 후 그 여운을 그치게 하려면 앞가슴에 악기를 갖다 대면 된다. 심벌즈의 한 짝으로만 연주할 때는 왼손으로 심벌즈를 평형이 되게 고리를 위로 하여 쥐고는 오른손에 채를 들고 가볍게 퉁기듯이 친다.

⑥ 마라카스

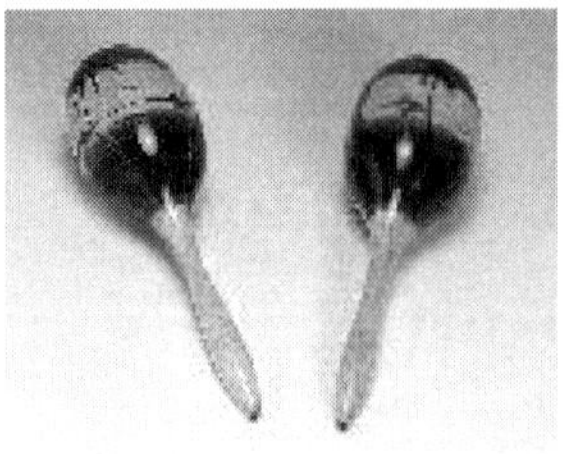

마라카스는 한 손으로 쥐고 흔들면 소리가 나므로 어떤 악기보다도 소리내기 쉬운 유아에게 적합한 악기이다. 어린 연령의 유아라도 마라카스를 소리내는 것은 어렵지 않다. 마라카스는 빠르게 반복적으로 흔들어 트레몰로와 같은 소리를 내는 것이 일반적이나 박자에 맞춰 특정 리듬패턴을 소리낼 수도 있다. 이때 마라카스를 쥔 손은 가슴에서 20∼30㎝ 떨어지도록 하고 손목을 이용하여 수직으로 아래로 '톡' 흔들어 소리를 내는 형식으로 리듬을 표현할 수 있다. 리듬을 표현하는 것은 박자감과 리듬감이 발달하기 시작하는 만 3세 이후가 적당하며 초기에는 단순한 리듬패턴에서부터 유아의 발달 수준을 고려하여 차차 다양한 리듬패턴을 도입할 수 있다.

⑦ 리듬막대

리듬막대는 유아들이 소리내기 용이한 악기로써 이는 두 개의 나무막대를 X자로 맞부딪혀 소리내는 방식으로 소리낸다. 리듬막대는 2개를 한 쌍으로 하여 리듬막대의 2/3지점 정도를 양손에 각각 쥐고 왼손의 리듬막대를 오른손의 리

듬막대로 X자 모양으로 내려치는 방식으로 소리를 낸다. 리듬막대는 소리가 선명하므로 박이나 리듬을 표현하기에 좋다. 그러므로 규칙적인 박을 치거나 리듬패턴을 치는데 잘 어울린다. 리듬막대는 함부로 다루면 다른 유아를 다치게 할 수 있으므로 교사는 유아에게 리듬막대도 하나의 악기이므로 본래의 목적으로만 사용해야 함을 알릴 필요가 있다.

⑧ **방울**

방울은 자루방울과 핸드방울이 있는데 주로 핸드방울을 많이 사용한다. 악기를 왼손에 쥐고 주먹 쥔 오른손으로 왼손의 주먹 위를 쳐서 방울 소리가 울리게 한다. 악기를 쥐고 있는 손목을 재빨리 흔들어 소리나게 하는 트레몰로주법도 있다.

⑨ **큰북**

연주할 때는 우선 연주자의 키에 알맞도록 받침대 위에 큰북을 올려놓아야 한다. 북채는 채 머리로부터 채 길이의 2/3선에 엄지와 집게손가락으로 쥐고

어깨, 팔, 손목의 힘을 빼고 손목을 자연스럽고 부드럽게 하여 북면의 중심부에 반동의 힘으로 친다. 큰북 연주에 스타카토주법, 트레몰로주법 등을 활용할 수 있으나 유아들에게는 무리이다.

#### ⑩ 작은북

북채를 잡을 때 왼손은 채 머리로부터 2/3선을 엄지손가락과 집게손가락 사이에 끼우고 약손가락과 새끼손가락을 구부려 받치며 오른손은 채 머리로부터 2/3선에 엄지손가락과 집게손가락으로 가볍게 잡고 나머지 손가락은 가볍게 붙이며 새끼손가락은 채에 닿지 않도록 친다. 작은북은 실제로 많은 테크닉을 요하는 악기이므로 유아에게는 오른손만의 연주에 그치거나 아니면 자유로운 손자세로 채를 각 손에 하나씩 쥐고 두 손이 동시에 같은 리듬을 연주하도록 할 수 있다.

칠 때는 큰북과 마찬가지로 어깨, 팔, 손목의 힘을 뺀 후 반동의 원리를 이용하여 치는데 연주할 때는 받침대를 만들어서 허리선의 정도에 작은북이 오도록 하여 친다.

### 2 가락악기

#### ① 실로폰

채 머리로부터 채 길이의 2/3 정도 부분을 엄지손가락과 집게손가락의 첫째 마디로 가볍게 쥐고 다른 손가락들은 자연스럽게 붙여 둔다. 두 손으로 칠 경우에는 왼손 채를 조금 위에 오른손의 채를 조금 아래에 두고 두 채를 90도 정도 벌려서 손바닥이 아래로 오도록 하여 치나, 유아에게는 두 손 주법이 어려우므로 한 손만으로 치도록 하는 것이 좋겠다. 칠 때는 음판의 중간 부분을 치되, 채의 머리가 음판에서 너무 벗어나지 않도록 어깨, 팔, 손목 등에 힘을 빼고 손목을 부드럽게 움직이면서 채가 튕겨 오르듯이 치면 된다. 실로폰과 목금은 앉아서 연주하는 것보다 서서 연주하는 것이 자연스럽고 더 부드러운 몸가짐을 하게 된다. 일어서서 연주할 때는 악기가 유아들의 허리선까지 오도록 받침대에 올려놓고 연주하는데 발은 약간 벌리고 몸은 악기로부터 20cm 정도 떨어지면 좋다.

**② 멜로디언**

건반악기의 원리를 이용한 악기인데 입으로 불면서 건반을 두드리는 악기이다. 피아노나 오르간처럼 연주하면 되는데 두 선 모두 사용하면서 연주하면 유아들에게는 무리이므로 오른손만으로 연주하도록 하는 것이 좋겠다. 입으로 마우스피스를 불 때는 혀끝을 윗니에 가볍게 대어서 '투' '투'의 발음식으로 한다. 멜로디언은 서서 들고 연주할 수도 있는데 유아들로서는 악기를 책상 위에 얹어 놓고 왼손으로 악기의 왼쪽 끝을 쥐고서 긴 마우스피스를 사용하여 오른손으로 연주하는 자세가 가장 적당하다.

**③ 리코더**

리코더는 입술을 이용하여 불면서 양손가락으로 구멍을 열고 닫으므로 서로 다른 높이의 음을 내는 악기이므로 유아들이 가락을 연주하기에는 용이하지 않다. 그러나 단순히 입으로 불어 소리를 얻는 것은 누구나 가능하므로 가락악기로서의 기능이 아니라 하나의 단순한 소리를 얻을 목적으로는 사용할 수 있다. 그러므로 리코더는 소리 탐색의 도구가 될 수 있으며 하나의 음으로 길이를 달리하여 낼 때 리듬표현도 가능하다. 만 5세 이상의 유아들 중에는 운지법이 쉬운 간단한 몇 개의 음을 연주하는 것이 가능할 수 있다. 그러므로 리코더는 유아의 발달 수준을 고려하여 유아에게 적절한 방법으로 이용할 필요가 있다.

④ 피아노

피아노는 음역이 가장 넓은 가락악기이며 화음을 연주할 수 있는 매우 유용한 악기이다. 그러나 피아노는 많은 건반을 분별하여 사용하여야 하고 손가락의 섬세한 조절기능을 필요로 하므로 연주를 위하여 보편적으로 유아에게 적용할 수 있는 악기라고는 볼 수 없다.

그러나 피아노는 무겁고 둔탁한 느낌의 낮은 음역의 음부터 맑고 가벼운 느낌의 높은 음역의 음까지 많은 음을 지니고 있으므로 소리를 탐색하는 도구로는 매우 유용하다. 그 외에 느낌이나 어떤 상황이나 소리를 묘사해 보는데 효과적이므로 다양한 소리 만들기 활동에서 매우 효과적으로 사용될 수 있는 악기이다.

### ⑤ 핸드벨

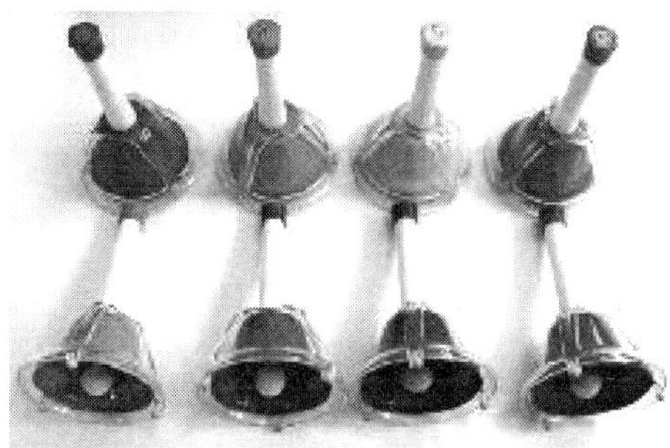

핸드벨은 음정이 있는 종(bell)으로 마라카스와 같은 방식으로 소리를 내는 가락악기이다. 다른 가락악기는 한 사람이 여러 음을 낼 수 있으나 핸드벨은 한 사람이 한 개의 핸드벨을 가질 때 한 음만을 소리낼 수 있으므로 핸드벨 연주자간 긴밀한 협력이 요구되는 악기이다. 어린 연령보다는 높은 연령의 유아에게서 가능하며 처음에는 몇 개의 음과 단순한 리듬으로 된 간단한 노래로부터 시작하여야 한다. 유아 간 각 음의 싯가를 정확히 표현하는 것이 쉽지 않으므로 복잡한 리듬은 피한다. 연주하기에 용이한 동요와 이에 따른 계이름을 살펴보면 다음과 같다.

* '비행기' : 3개의 음으로 구성—도, 레, 미
  미레도레 미미미 레레레 미미미
  미레도레 미미미 레레미레도
* '나비야' : 5개의 음으로 구성—도, 레, 미, 파, 솔
  솔미미 파레레 도레미파솔솔솔
  솔미미미 파레레 도미솔솔 미미미
  레레레레 레미파 미미미미 미파솔
  솔미미 파레레 도미솔솔 미미미
* '올라간 머리 내려온 머리' : 5개의 음으로 구성—도, 레, 미, 파, 솔
  도레미파솔 솔파미레도 레레레레레파미레 도미솔

도레미파솔 솔파미레도 레레레레레파미레 도미도

* '도도도도 무릎입니다' : 5개의 음으로 구성—도, 레, 미, 파, 솔

도도도도도레미레도 레레레레레미파미레

미미미미미파솔파미 파파파파파미레미파

솔솔솔솔솔파미파솔 솔파미파솔파미파솔파미레도

* '똑같아요' : 6개의 음으로 구성—도, 레, 미, 파, 솔, 라

도미솔도미솔 라라라솔

파파파미미미레레레도

[3] 국악기

① 장구

장구는 허리가 가늘다고 해서 세요고라고도 부른다. 원래 명칭은 장고가 맞으나 현재는 장고, 장구로도 부른다. 장구는 궁편과 채편으로 나누어지며 궁편의 울림통이 채편보다 조금 크다. 장구 제작시 궁편에는 노루가죽이나 소가죽을 사용하고 채편에는 말가죽이나 개가죽을 사용하였으나 현재는 주로 소가죽을 궁편 채편 모두 쓰고 있다.

② 소고

매구북이라고도 하며 크기는 지방마다 차이가 있지만 대개 지름이 약 20cm 정도이다. 둥근통에 개가죽을 양쪽에 대고 개가죽 끈이나 노끈으로 꿰매어 만들며, 채는 1뼘 길이에 손가락만한 굵기의 나무로 만든다.

③ 북

북은 진동을 내는 막과, 막을 떠받치며 공기의 진동을 만들어 내는 몸통으로 구성된다. 일반적으로 막을 채나 손으로 직접 두드려 소리를 내는 유형이 많다. 몸통의 크기나 형태, 막의 재질에 따라 음량이나 음색, 음높이가 결정된다. 음색은 막의 중앙부에서는 둔한 소리, 주변부에서는 날기로운 음이 난다. 북은 음높이를 명확하게 표현할 수 없고 음이 금방 사라진다. 그러나 박자는 정확하게 표현할 수 있으므로 독주보다는 오히려 합주에 많이 사용된다.

④ 징

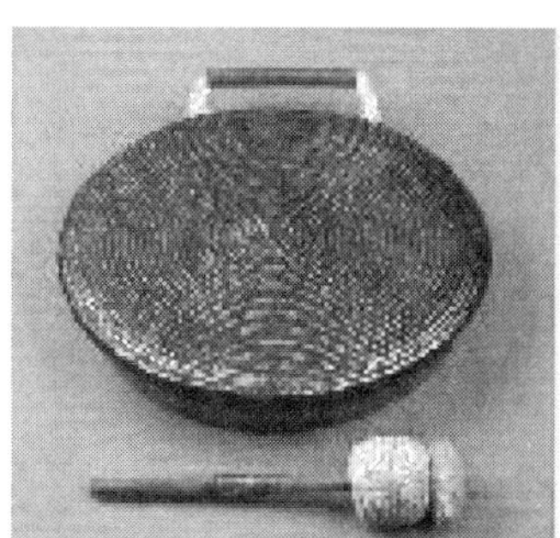

징은 금속의 타악기로 농악에 쓰이는 징은 지름이 37~38cm 정도이다. 징은 방짜놋쇠로 만들며 소리는 여운이 길고 울림이 깊다. 채는 끝에 헝겊을 감아 치므로 부드러운 음색을 가진다.

⑤ **꽹과리**

놋쇠로 만든 둥근 모양의 악기로 지름이 20cm 정도이며 징과 같은 모양이나 징보다 작다. 채는 나무로 깎아 만든다. 농악에서는 꽹과리 주자가 지휘자 격이다.

4 기타

이상의 악기 외에도 한국어린이육영회의 리듬악기 세트를 비롯하여 최근 새롭게 개발된 소리탐색을 위한 악기와 리듬악기 등 유아용 악기들이 많이 보급되고 있으며, 기존 악기의 원리를 이용하여 주변의 재활용품 및 손쉽게 구할 수 있는 재료를 이용한 다양한 창의적인 악기들이 훌륭한 유아용 악기로서의 기능을 하고 있다. 주변의 재활용품 및 손쉽게 구할 수 있는 재료를 이용한 다양한 창의적인 악기의 예로 다음과 같은 것들이 있다.

① **투명 마라카스**

〈제작 방법〉

ⓐ 빈 젤리통을 깨끗이 씻어 말린 후 쌀이나 클립 등을 소량 넣는다.

ⓑ 다른 하나의 젤리 통 입구 테두리에 글루건을 쏜 후 ⓐ의 젤리통과 맞붙인다. 이때 그 사이에 나무막대를 놓고 붙여 손잡이가 되도록 한다.

ⓒ 울림을 더 크게 하기 위하여 이러한 젤리통을 한 쌍 더 붙여 만들어도 좋다.

② **필름통 마라카스**

〈제작 방법〉

ⓐ 각 필름 속대에 3~4cm 길이로 끈을 맨다.

ⓑ 필름통 3개를 각각 시트지로 싼 뒤 글루건을 사용하여 세로로 붙여 손잡이 대를 만든다.

ⓒ ⓑ의 필름통 맨 윗부분 통의 뚜껑을 연 뒤 ⓐ의 끈을 글루건을 사용하여 통의 안쪽에 각각 붙인 뒤 필름통 뚜껑을 닫는다.

ⓓ 필름통이나 속대 옆면에 나름대로 예쁜 그림을 붙여 장식할 수 있다.

### ③ 달걀판 마라카스

〈제작 방법〉

ⓐ 플라스틱 투명 달걀판을 열고 오목한 부분에 소리 나는 물체를 적당량 넣는다.

ⓑ 달걀판 양쪽 끝에 글루건을 사용하여 손잡이용 끈이나 고무줄을 붙인다.

ⓒ 달걀판을 닫고, 서로 맞닿은 부분을 글루건으로 붙인다.

ⓓ 판의 볼록한 겉면에 뽕뽕이를 붙여 장식한다.

### ④ 망고 캐스터네츠

〈제작 방법〉

ⓐ 먹고 난 망고통을 깨끗이 씻는다.

ⓑ 망고통 중앙을 송곳으로 뚫는다.

ⓒ 낚싯줄을 이용하여 망고통을 연결한다. 송곳으로 뚫은 곳을 통과하게 하되 망고통 입구가 마주 보도록 한다. 즉 입구와 입구, 볼록한 곳과 볼록한 곳이 만나도록 붙인다.

ⓓ 손이 들어가는 부분에 접착 부직포로 손잡이를 만들어 준다.

ⓔ 망고통에 락카 칠을 해주면 시각적으로 보기가 좋다.

### ⑤ 사포 싹싹이

〈제작 방법〉

ⓐ 두 장의 스티로폼의 한 면에 각각 사포를 붙인다.

ⓑ 스티로폼의 나머지 부분을 모두 씨트지로 깨끗이 싼다.

ⓒ 어린 연령의 유아를 위하여 필름통이나 스티로폼을 잘라 사포를 붙인 반대면 중앙에 붙여 손잡이를 만들어 주면 더 좋다.

### ⑥ 젓가락 트라이앵글

〈제작 방법〉

ⓐ 30cm~40cm 정도의 굵은 예쁜 색깔 실을 젓가락 한 짝의 양 끝에서 1cm 정도에 단단히 맨다.

ⓑ 젓가락 한 짝의 양 끝을 실의 매듭이 감추어지도록 1.5cm 정도씩 색실로 여러 번 촘촘히 감는다.

ⓒ 실의 끝은 본드로 붙여 깨끗이 마무리한다.

ⓓ 나머지 젓가락 한 짝은 트라이앵글 채로 사용하기 위해 끝에서 1/3 정도를 같은 색의 실로 촘촘히 감아 손잡이를 만든다.

ⓔ 감아준 실의 끝은 본드로 붙여 깨끗하게 마무리한다.

### ⑦ 방울 장갑

〈제작 방법〉

ⓐ 손가락장갑의 각 손가락 끝부분에 방울을 실로 꿰매어 단다.

ⓑ 각각의 장갑 각 손가락 끝의 바닥 쪽에 글루건을 사용하여 단추나 방울을 하나씩 단다.

### ⑧ 만물소리상자

〈제작 방법〉

ⓐ 빈 상자의 뚜껑을 안으로 접어서 가운데만 공간을 남겨서 붙일 수 있게 만든다.

ⓑ 상자가 흔들리지 않게 하드보드지로 면을 모두 감싼다.

ⓒ 하드보드지로 감싼 위에 다시 부직포를 붙인다.

ⓓ 상자의 안과 밖, 옆면과 윗면에 두들기거나 긁어서 소리나는 물건(주전자 뚜껑, 페트병, 컵라면 그릇, 나무주걱, 종이컵, 빗, 수저, 김발, 플라스틱 계란판, 빈 캔, 포크, 티스푼, 냄비, 부직포, 플라스틱, 접시, 하드보다,

철판, 동파이프, 철굽 등)을 붙이거나 낚싯줄로 매달아 놓는다.

ⓔ 두들기거나 긁을 수 있는 것(젓가락과 포크)을 동 파이프를 고정시켜서 그 안에 넣는다.

### 4) 지도 방법

#### (1) 리듬악기와 가락악기 지도

##### 1 리듬악기 지도

가락악기가 음높이에 대한 인식과 섬세한 신체조절 기능을 필요로 하는 것이어서 높은 연령의 유아에게 적용할 수 있는 것인데 비하여, 리듬악기는 유아들이 손쉽게 다룰 수 있으므로 노래부르기 활동시 리듬악기를 함께 연주하거나 독립적으로 리듬악기 다루기 활동이 이루어지기도 한다.

유아교육기관에서 이루어지는 리듬악기를 이용한 활동 중 가장 일반적인 것은 역시 노래를 부르며 몇몇 리듬악기를 연주해 보는 활동이다. 이러한 활동에서는 유아들이 노래 부를 때 그것이 가락악기의 역할을 하게 되며 여기에 리듬악기가 어우러져 훌륭한 합주의 효과를 내게 된다.

리듬악기 연주를 위해서는 먼저 유아로 하여금 손뼉 장단으로 여러 가지 간단한 리듬형을 쳐보도록 하는 것이 좋다. 처음에는 4분 음표나 4분 쉼표 등을 이용한 4박자 정도의 간단한 리듬형을 연습해 보고 익숙해지면 차차 2분 음표와 8분 음표 등을 도입하여 다양한 리듬형을 익히도록 한다. 아래의 음표와 쉼표의 길이를 정확하게 표현하기 위하여 교사는 각 음표에 과일이름을 넣어 음표의 길이에 맞게 읽어 주면 유아들이 읽으면서 리듬치기를 할 수 있어서 좋다. 쉼표의 경우는 소리 내지 않고 한 박자에 한번 고개를 끄덕인다.

**① 4분음표와 4분 쉼표**

⑤ ♩ 𝄽 𝄽 ♩ ⑥ 𝄽 ♩ ♩ ♩ ⑦ ♩ ♩ ♩ 𝄽

밤 끄덕 끄덕 밤 / 끄덕 밤 밤 밤 / 밤 밤 밤 끄덕

**② 2분 음표의 첨가**

① 𝅗𝅥 ♩ ♩ ② ♩ ♩ 𝅗𝅥 ③ ♩ 𝅗𝅥 ♩ ④ ♩ 𝄽 𝅗𝅥

귤 – 밤 밤 / 밤 밤 귤 – / 밤 귤 – 밤 / 밤 끄덕 귤–

⑤ 𝅗𝅥 𝄽 ♩

귤 – 끄덕 밤

**③ 8분 음표의 추가**

① ♩ ♩ ♪ ♪ ♩ ② ♩ ♪ ♪ ♩ ♩ ③ ♪ ♪ ♩ ♩ ♩ ④ ♩ ♩ ♩ ♪ ♪

밤 밤 대 추 밤 / 밤 대 추 밤 밤 / 대 추 밤 밤 밤 / 밤 밤 밤 대 추

⑤ ♩ ♪ ♪ ♩ ♪ ♪ ⑥ ♩ ♪ ♪ ♪ ♪ ♩ ⑦ ♩ ♩ ♪ ♪ ♪ ♪

밤 대추 밤 대추 / 밤 대 추 대 추 밤 / 밤 밤 대 추 대 추

⑧ ♪ ♪ ♪ ♪ ♩ ♩ ⑨ ♪ ♪ ♩ ♪ ♪ ♩ ⑩ ♩ ♪ ♪ 𝄽 ♩ ⑪ ♩ 𝄽 ♪ ♪ ♩

대 추 대 추 밤 밤 / 대 추 밤 대 추 밤 / 밤 대 추끄덕밤 / 밤끄덕대 추밤

⑫ ♩ 𝄽 ♩ ♪ ♪ ⑬ ♪ ♪ ♩ 𝄽 ♩ ⑭ ♪ ♪ ♪ ♪ 𝄽 ♩

밤 끄덕 밤 대추 / 대 추 밤 끄덕 밤 / 대 추 대 추 끄덕 밤

위의 기본 리듬형을 리듬카드로 제시하고 읽으면서 손뼉장단을 치는 일을 평소에 놀이의 형식으로 꾸준히 익힌다면 동요를 부르면서 한 장의 리듬카드에 제시된 간단한 리듬패턴을 연주하는 것은 그리 어렵지 않다. 이것이 익숙해지면 교사는 손뼉대신 간단한 리듬악기를 유아들에게 주어 리듬형을 쳐보도록 한다. 처음에는 하나의 리듬카드로 전체가 같은 리듬형을 연주하나 익숙해지면 전체 유아를 두 그룹으로 나누어 서로 다른 리듬형을 연주하게 될 때 노래와

어우러지는 멋진 리듬의 조화를 맛볼 수 있다. 좀더 높은 연령에서는 동시에 연주할 수 있는 리듬형을 좀더 늘려서 몇 파트로 구성할 수 있다.

2 가락악기 지도

음악적 능력에 있어서 가락악기는 원칙적으로 악보를 읽을 수 있는 능력을 가지고 있어야 연주가 가능하다고 볼 수 있다. 높은 연령의 유아들 중에는 피아노 공부를 하고 있는 유아들이 제법 많이 있으므로 이러한 경우에는 어느 정도의 독보력을 가지고 있다고 볼 수 있다. 그러나 이것은 일반적인 경우라고는 볼 수 없다. 또한 독보력이 있다 하더라도 악보를 보아가며 음을 찾아 소리내는 일은 유아가 부담 없이 즐길 수 있는 일이라기보다는 자칫 무거운 학습이 될 수 있으므로 유아들에게 있어서 다수의 유아들에게 가능하고 손쉬운 방법의 가락악기 연주 방법이 도입될 필요가 있다.

가락악기들 중 실로폰은 다른 악기에 비하여 유아들의 접근이 가능한 악기이다. 우선 실로폰은 채를 가지고 두드리므로 손가락을 사용하지 않아서 연주하기 쉽다. 반면에 피아노는 손가락 근육의 발달이 충분치 않은 유아들로서는 그리 쉽지 않으며 멜로디언은 입으로 불면서 손가락을 놀려야 하므로 더욱 어렵다. 그러므로 연주하기 용이한 가락악기부터 도입하고 유아의 발달 정도를 보아 피아노와 멜로디언 순으로 도입하는 것이 좋다.

독보력이 없이도 가락악기를 연주하는 방법으로는 색깔 악보를 만들고 실로폰이나 피아노 건반에 색깔표시를 하여 연주해 보는 것이다. 이것은 한 옥타브 내의 각 음들에 서로 다른 색을 지정하여 유아들에게 익숙하고 가락이 단순하여 몇 개의 계이름들로만 구성된 곡의 각 음들을 순서대로 색깔로 나열하여 표로 제시한 후 유아들이 건반에서 같은 색의 건반을 쳐 소리내 보는 것이다. 반드시 유아에게 익숙한 노래이어야 리듬을 표현하는데 어려움이 없으며 유아가 소리를 낼 때 스스로 가락을 확인할 수 있다. 이를 위한 가장 간단한 유아 노래는 '비행기'로 이 곡은 '도, 레, 미'의 세 음으로만 구성되어 있으므로 세 개의 색깔로 표시된 그림악보로 쉽게 연주가 가능하다. 다음은 '비행기' 노래의 색깔 악보의 예이다. 색깔 악보를 만들 때는 음높이를 고려하여 만들면 더 좋다. 아래는 예를 들어, '도'는 빨강색, '레'는 파랑색, '미'는 노랑색으로 표시한다고 할 때의 악보이다.

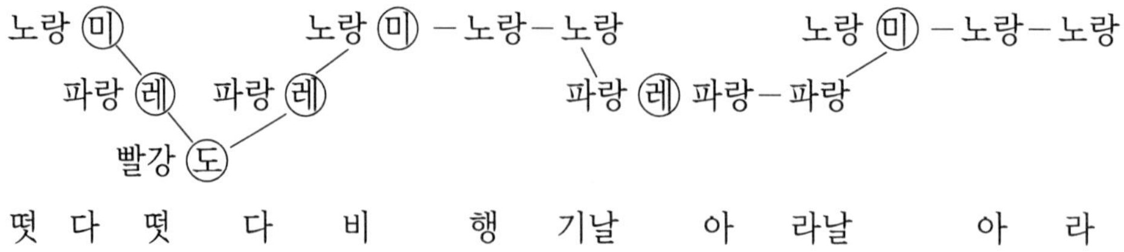


(2) 합주의 지도

리듬합주는 노래부르기와 달리 여러 악기와 여러 가지 리듬이 결합되므로 유아에게 힘든 활동이라는 선입견을 가질 수 있다. 그러나 합주의 범위와 단순한 정도에 따라 만 3세 정도의 어린 유아에게도 적용이 가능한 합주의 방법이 있는가 하면 초등학교의 리듬합주는 만 5세의 유아에게도 무리이다. 그러므로 연령에 맞는 악기 선택과 성부의 수, 리듬의 단순한 정도 등을 조절하여 연령에 맞게 적용하는 것이 필요하다. 리듬합주의 단계는 다음과 같다.

① 먼저 합주하게 될 노래의 가락과 흐름, 분위기 등을 파악하기 위하여 노래를 익히는 것이 필요하다. 악기에 상관없이 모든 유아가 연주할 노래를 익숙하도록 불러 본다.

② 노래를 부르면서 간단한 리듬형을 이용하여 손뼉치기해 본다. 익숙해지면 같은 방법으로 몇 개의 리듬형을 손뼉쳐 본다.

③ 전체를 2~3 그룹으로 나누어 서로 다른 리듬형으로 손뼉치며 노래 불러 본다.

이 과정이 익숙해지면 유아의 수준을 고려하여 리듬악기의 종류와 수를 정하고 유아들을 지정한다. 연령이 낮을수록 악기의 종류가 적어야 용이하다. 만 3세의 경우 1~2종이 적당하고 만 5세의 경우 처음에는 2~3종에서 차차 발전되면 5~7종으로 까지 확대할 수 있다.

④ 노래를 부르며 한 가지 악기씩 도입하여 합주해 본다. 즉, 처음에는 모두 노래부르며 탬버린 가진 유아만 자신들의 정해진 리듬을 연주해 보고 그

다음은 캐스터네츠의 식으로 해 본 후 각 악기의 연주가 모두 확인되면 이번에는 두 개의 악기 종류씩 함께 연주해 본다. 이 과정이 끝나면 전체가 함께 연주하도록 한다.

### 5) 교사가 고려할 점

① 교사는 유아로 하여금 악기다루기 활동 이전에 악기를 소중히 다룰 줄 아는 태도를 가지도록 지도해야 한다.

② 교사는 유아들로 하여금 어떤 구조적인 활동들이 시도되기 전에 자유롭게 악기를 탐색할 수 있는 많은 기회를 가질 수 있도록 해야 하며 유아가 악기 소리를 창조하고 실험해 보도록 충분한 시간과 공간을 확보해야 한다.

③ 교사들은 악기를 연주하는데 있어서 어떠한 지시를 하든지 유아들의 관심이나 필요에 항상 주의해야 한다.

④ 유아들이 악기를 다룰 때에는 특히 악기 소리로 소란스러운 분위기가 될 수 있으므로 자유로이 악기 소리를 내보는 시간과 교사에 의해 정해진 방법으로 악기를 다루는 시간에 대하여 유아가 분별할 수 있도록 한다. 특히 악기 연주시에는 각자가 필요 이상의 악기 소리를 내는 것이 연주에 방해가 된다는 사실을 유아로 하여금 알게 할 필요가 있다.

⑤ 합주시에는 개인의 역량이 강조되기보다는 협력과 조화가 필요하므로 교사는 전체적인 조화를 위해 유아들이 다른 유아들과 협력하고 자기 소리를 조절해야 함을 알게 한다.

⑥ 리듬악기는 악기연주 이전에 손뼉이나 발 구르기 등으로 먼저 리듬치기 연습을 한 후에 악기를 도입하면 용이하다.

⑦ 악기는 보관시 먼지나 습기를 주의하여 청결을 유지해야 하고 멜로디언은 입을 사용하는 악기이므로 위생에 신경을 써야 한다.

### 6) 악기다루기 활동의 실제

#### (1) 소리탐색을 위한 악기다루기 활동

## 우주의 소리(악기 연주)

1 목표

리듬악기로 우주의 소리를 상상하여 표현하는 경험을 한다.

2 교육과정 관련 요소

표현 생활 — 탐색 : 소리 탐색하기

표현 : 리듬악기 다루기

언어 생활 — 말하기 : 경험, 생각, 느낌 말하기

3 준비물

리듬악기(탬버린, 캐스터네츠, 트라이앵글, 리듬막대, 귀로, 방울), 녹음기, 녹음 테이프, 배경 음악 녹음 테이프(영화 '스타워즈' 배경음악)

4 활동방법

① 우주에서 볼 수 있는 것, 우주에서 나는 소리에 대해서 이야기한다.

→ 우주에서 볼 수 있는 것들을 무엇일까?

- 여러 가지 별들
- 반짝거림
- 둥둥 떠다니는 우주인
- 날아가는 우주선

→ 우주에서는 어떤 소리가 날까?

- 우주선 발사 소리
- 컴퓨터 소리

–무전 소리

–우주인들의 이야기 소리

② 악기를 하나씩 정하고, 이야기한 내용 중 악기로 표현할 것을 정한다.

→ 어떤 리듬악기로 소리내어 볼까?

→ 우주에서 볼 수 있는 것이나 소리나는 것 중 어떤 것을 소리내어 볼까?

③ 한 사람씩 자기가 만든 것이나 소리나는 것 중 어떤 것을 소리내어 볼까?

④ 배경 음악을 듣고 어떤 부분에서 악기소리를 낼지 의논한다.

⑤ 배경 음악에 맞추어 리듬악기를 연주하고, 이 소리를 녹음한다.

⑥ 리듬악기 연주 소리를 녹음한 후 들어 보고, 느낌을 이야기해 본다.

→ 우리가 연주한 소리를 들어 보니까 어떤 느낌이 들었니?

5 확장활동

① 리듬악기에 익숙해지면 핸드벨이나 실로폰, 키보드와 함께 연주할 수 있다.

② 유아들이 이야기를 상상하여 만들고 그 이야기에 맞추어 리듬악기를 연주할 수 있다.

–교육부 '유치원교육활동 자료집' 제7권, p. 95

## 소리를 그려 보세요

1 목표

① 다양한 악기 소리를 탐색하는 경험을 가진다.

② 다양한 소리에 대한 느낌과 생각을 창의적으로 그린다.

2 교육과정 관련 요소

표현 생활 — 탐색 : 소리 탐색하기
표현 : 그림그리기

3 준비물

다양한 악기(소고, 장구, 탬버린, 트라이앵글, 실로폰 등), 다양한 악기 그림(복사본), 소리탐색 카드, 사인펜, 풀

4 활동방법

① 악기를 선택하여 다양한 방법으로 소리내어 본다.

② 관찰 카드에 해당 악기 그림을 붙이고 악기의 소리를 그림(점, 선, 모양)으로 표현해 본다.

③ 다양한 악기를 선택하여 소리를 그림으로 표현해 보고, 관찰 카드를 고리로 묶어 소리 책을 만들어 본다.

5 확장활동

익숙한 노래에 유아들이 그린 악기 소리 그림을 넣어 악기놀이 악보를 직접 만들어 보고, 그림 악보를 보며 리듬악기 연주를 해 볼 수 있다.

– 교육부 '유치원교육활동 자료집' 제10권, p. 151

(2) 연주를 위한 악기다루기 활동

## 천둥치는 날(악기 연주)

1 목표

① 리듬악기로 자연의 소리를 표현하는 경험을 한다.

② 자연 현상으로 나는 소리를 탐색한다.

2 교육과정 관련 요소

표현 생활 — 탐색 : 소리 탐색하기

표현 : 여러 가지 소리 만들기

3 준비물

리듬악기 각각 세 벌(탬버린, 트라이앵글, 북, 귀로, 리듬막대, 마라카스), 음악 녹음테이프(베토벤 교향곡 No. 6 : 천둥 번개 표현 부분)

4 활동방법

① 원형으로 모여 앉는다.

② 천둥치는 날 들을 수 있는 소리를 들으면서 이야기를 나눈다.

→ 천둥치는 날은 어떤 소리가 날까? —천둥소리, 번개, 바람소리, 빗소리

③ 천둥치는 날 들을 수 있는 소리를 만들어 본다.

→ 천둥소리를 어떻게 낼수 있을까? — 우르릉 쾅, 쿵쾅

→ 천둥소리를 무엇으로 소리낼 수 있을까?

④ 리듬악기를 소개하고 천둥치는 날 들을 수 있는 소리를 표현해 본다.

→ 악기를 정한 후 각자 만든 소리를 들려주고 알아맞혀 본다.

⑤ 교사가 들려주는 이야기에 맞추어 리듬악기로 연주해 본다.

→ 어느 날 하늘이 갑자기 어두워지더니 비가 오기 시작했어요. 빗방울이 굵어지다가 번개가 치고 천둥소리가 들리기 시작했어요. '우르릉 쾅', '우르릉 쾅' 천둥이 치자, 비는 더욱 세차게 오기 시작했어요. 바람도 불었어요. 또 천둥소리가 울려요. '우르릉 쾅', '우르릉 쾅'. 세차게 내리던 빗줄기가 가늘어지자 점점 하늘이 맑아졌어요.

⑥ 베토벤 전원 교향곡의 '천둥 번개' 표현 부분을 듣고, 유아들이 만들었던 소리와 비교해 본다.

→ 베토벤은 천둥소리를 듣고, 전원교향곡의 '천둥 번개' 부분의 음악을 만들었는데, 같이 들어 보자.

→ 베토벤의 음악과 우리가 만든 소리는 어떻게 다를까?

5 확장활동

① 천둥치는 날에 대한 동시를 짓거나 그림을 그려 본다.

② 한 가지 악기를 2~3명이 함께 소리를 내어 본다.

－교육부 '유치원교육활동 자료집' 제7권, p. 49

## 칙칙폭폭

1 목표

① 노래를 다양한 방법으로 부른다.

② 리듬을 여러 형태로 창의적으로 표현한다.

2 교육과정 관련 요소

표현 생활 — 탐색 : 노래부르기

표현 : 여러 가지 소리 만들기

3 준비물

그림 자료, 녹음기, 녹음 테이프(노래, 반주, '기차 소리' 효과음), 악보, 악기(탬버린, 마라카스)

〈악보 만들기〉

① 색 하드보드지(4절)에 기차 소리 부분을 제외한 악보를 그리고, 투명 시트지로 싼다.

② 기차 소리 부분에 보슬이를 붙인다.

③ 기차 소리 부분은 다른 색도화지에 그려 코팅해서 뒷면에 까슬이를 붙여 하드보드지에 붙인다.

④ 손, 발, 탬버린, 마라카스 그림을 작게 그려 코팅한 후 뒷면에는 까슬이를 붙인다.

## 칙칙폭폭

김경희 작사 · 작곡

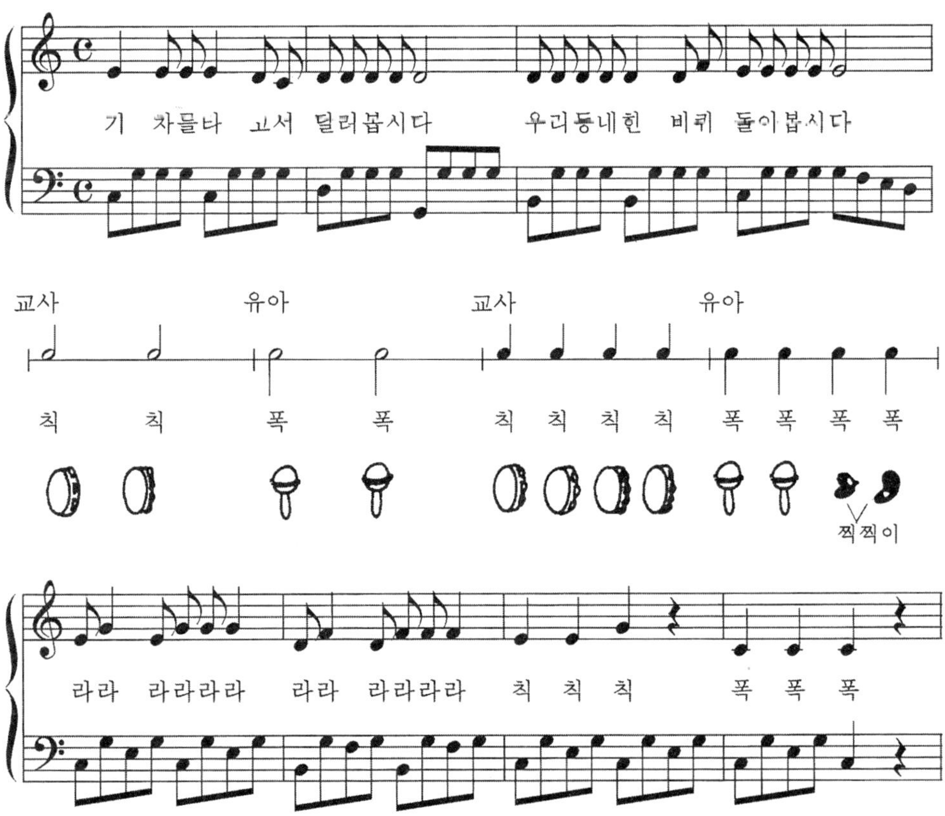

④ 활동방법

① '기차 소리' 효과음을 들려주고, 기차가 나오는 노래임을 소개한다.

→ 무슨 소리일까?

→ 기차 소리를 흉내내어 보자.

② 교사가 그림 자료의 길 위로 기차를 움직이며 노래를 부른다.

③ 반주에 맞추어 한 가지 소리로 노래를 부른다.

④ 기차 소리 부분은 어떤 방법으로 표현할지 악보에 손, 발, 탬버린, 마라카스 그림을 붙이고, 이것을 보고 부분적으로 나누어 부른다.

→ 목소리로 주고받기

→ 신체를 이용하여 주고받기 : 소리 밑에 손, 발 그림 붙이기
(예 : 교사-손뼉, 유아-발 구르기)

→ 유아와 교사가 역할을 바꾸어 부른다.

→ 노래를 함께 불러 본다.

⑤ 확장활동

① 기차 소리를 다양하게 제공해 준다.

⑥ 유의점

모든 활동을 하루에 마치기보다는 여러 날로 나누어 한다.

-교육부 '유치원교육활동 자료집' 제8권, p. 130

# 음률 영역에 있는 악기 소리 내기

1 목표

① 교실에 있는 여러 가지 악기들의 소리를 낼 수 있다.

② 리듬에 맞추어 악기 소리를 낼 수 있다.

2 교육과정 관련 요소

표현 생활 — 탐색 : 소리 탐색하기
　　　　　　표현 : 리듬악기 다루기

3 준비물

리듬막대, 나무 블록, 마라카스, 방울, 노래 테이프, 카세트

4 활동방법

① 음률 영역에 제시된 악기에 관심을 보이는 유아들과 악기와 소리에 대해서 이야기를 나눈다.

② 악기를 움직여 소리가 나는 방법을 탐색해 본다.

→ ~야, 이것은 어떻게 해야 소리가 날까?

→ 그것을 흔들면 소리가 나니?

→ 그 막대는 두드리면 소리가 나는구나

→ 다른 방법으로 소리를 낼 수 있을까?

→ 그래, 막대로 긁으면 부드러운 소리가 나는구나.

③ 악기의 이름을 알려 준다.

④ 악기를 이용하여 다양한 소리를 낼 수 있도록 장려하고, 반응해 준다.

→ ~는 빠르게 흔드는구나.

→ ~는 소리가 짧게 나네.

⑤ 좋아하는 노래를 함께 불러 보며, 악기를 연주한다.

→ ~는 산토끼 노래를 좋아한다고? 네가 좋아하는 노래에 맞추어 악

기 소리를 내 보자.

⑥ 교사와 함께 노래를 부르며, 빠르기와 크기에 변화를 준다.

→ 노래가 빠르니까 친구들의 악기 소리가 어떻게 나니?
이번에는 천천히 불러 보자.

→ 저 쪽에 있는 친구들이 듣지 못하도록 아주 작게 소리내어 보자.

– 교육부 '유치원교육활동 자료집' 제2권, p. 23

## 3. 동작으로 표현하기

신체표현은 매우 이른 시기부터 나타나는 유아의 특성이다. 생후 1년이 채 못된 영아라도 음악에 맞추어 몸을 흔들며 반응하는 것을 쉽게 볼 수 있다. 그러므로 신체표현은 가장 이른 시기에 시작할 수 있는 음악학습이다.

음악에는 리듬의 요소가 있으며 이는 신체표현의 요소와도 일치한다. 스위스 작곡가이자 교사인 Dalcroze(1865-1950)는 동작이 유아들이 음악을 사랑하고 감상할 수 있게 하는 가장 좋은 방법이라고 생각했다. 유아들이 신체표현을 할 때 동작의 느리고 빠름의 다양한 결합은 하나의 흐름결을 형성하며 이것이 음악의 리듬적 요소와 같은 성격을 지니므로 유아들에게 있어서 음악에 따른 신체표현은 거의 본능적인 반응이라 할 수 있다. 이러한 음악의 요소와 신체표현이 결합된 활동들을 음률활동이라 부른다.

유아는 다양한 음률활동을 통하여 자기표현의 기회를 갖게 되며 이는 유아로 하여금 새로운 동작을 유발시키고 상상력을 가지게 하는 등 창의력 발달에 크게 기여한다. 뿐만 아니라 집단 활동을 통하여 자신의 느낌을 몸으로 표현하는 과정에서 유아는 신체발달과 정서발달 및 사회성 발달 등 총체적인 발달을 도모할 수 있게 된다.

## 1) 동작으로 표현하기의 유형

### (1) 기본 동작

효과적인 동작표현을 위하여 먼저 신체를 효율적으로 관리하는 기본동작을 익히는 것이 필요하다. 기본동작으로는 발을 움직이지 않고 신체의 다른 부분을 움직이는 비이동동작과 위치를 이동해 가며 신체를 움직이는 이동동작이 있다. 비이동동작으로는 꼬기, 비틀기, 구부리기 등이 있으며 이동동작으로는 걷기, 달리기, 미끄러지기 등이 있다.

### (2) 음률활동

1 구조적 음률활동

교사가 지시하는 동작이나 노래말에서 지시하는 특별한 동작을 표현하는 것으로써 예를 들면, '머리 어깨 무릎 발' 등이 있다.

2 비구조적 음률활동

노래말이나 음악에 내포된 지시에 따라서 창의적으로 동작하는 활동으로 일정한 범위 내에서의 자유로운 표현활동이라 볼 수 있다. 예를 들면, '산토끼', '그대로 멈춰라' 등이 있다.

### (3) 창의적인 음률활동

음악에 대한 느낌이나 생각을 자신의 방법으로 자유롭게 표현해 보는 것으로서 교사의 어떤 지시나 조건이 없이 유아의 상상력과 창의성이 발휘될 수 있는 활동의 형태이다. 예를 들면, 다양한 느낌의 음악을 듣고 음악의 느낌에 따라 다양한 동작으로 느낌을 표현해 보는 것으로서 다양한 표현을 이끌어 내기 위하여 얻을 수 있는 대조적인 느낌의 음악은 다음과 같이 생각해 볼 수 있다.

① 무거운 느낌의 음악 — 가벼운 느낌의 음악

② 부드러운 음악 — 날카로운 음악

③ 어두운 음악 — 밝은 음악

④ 슬픈 느낌의 음악 — 즐거운 느낌의 음악

⑤ 장엄한 느낌의 음악 — 섬세하고 여린 음악

⑥ 시끄러운 음악 — 조용한 음악

⑦ 느린 음악 — 빠른 음악

### 2) 지도방법 및 교사가 고려할 점

① 교사는 유아의 창의적인 신체표현 활동을 자극하기 위해 동화·동극, 사진, 시, 이야기 등을 이용하여 상상력을 불러일으켜 줄 수 있다.

② 동작으로 표현하기 활동에서는 정답이 없으므로 교사는 유아의 표현에 대하여 적극적으로 수용하고 격려하는 자세가 필요하다.

③ 동작표현 활동은 과정 자체가 매우 의미 있는 활동으로써 교사는 과정이 즐겁고 자유스러운 분위기가 되도록 하여야 한다.

④ 동작으로 표현하기 활동에서는 다양한 도구를 이용하여 표현이 다양성과 흥미를 유도할 수 있다. 예를 들면, 후프, 스카프, 리본막대, 한삼 등이다.

⑤ 동작으로 표현하기에서 유아의 창의성이 발휘될 수 있도록 하기 위하여 교사는 유아에게 지시적이 되거나 표현을 제한하는 일이 없도록 하여야 한다.

⑥ 즐겁고 흥미로운 경험이 되도록 하기 위하여 교사 스스로가 활동에 즐거운 참여자가 되어야 한다.

### 3) 동작으로 표현하기 활동의 실제

## 음악 듣고 움직이기

[1] 목표

① 리듬의 변화에 맞추어 움직일 수 있다.

② 신체 활동을 통해 즐거운 경험을 한다.

### 2 교육과정 관련 요소

표현 생활 — 탐색 : 움직임 탐색하기
　　　　　　　　　　소리 탐색하기
건강 생활 — 건강 : 즐겁게 생활하기

### 3 준비물

피아노, 소고, 탬버린, 나무 블록, 다양한 빠르기의 움직임이 녹음된 테이프, 녹음기, 색테이프로 바닥에 모양 표시

### 4 활동방법

① 놀이 중에 빠른 곡이 녹음된 테이프를 틀어 준다.
② 흥미를 보이며 모인 유아들과 앉아서 자유롭게 움직여 본다.
→ 음악에 맞추어 몸을 움직여 보자. 그래, ～처럼 어깨를 흔들 수도 있구나. ～는 일어나서 움직이고 싶구나.
③ 다 함께 일어나서 바닥에 붙인 선을 따라 걸어 본다.
④ 리듬악기를 이용하여 빠르고 느린 리듬을 탐색한다. 그 리듬악기의 빠르기에 맞추어 유아들이 느낀 대로 걸어 보게 한다.
→ 이번엔 소리를 듣고 걸어 보자.
→ (북은 천천히 두드리며) 이런 북 소리에는 어떻게 움직일 수 있을까?
(북을 점점 빨리 치며) 점점 빨라지면 어떻게 움직일 수 있을까?
⑤ 빠르기에 맞추어 다양하게 움직여 보도록 격려한다.
→ 이번에는 음악에 맞추어 걸으면서 손을 움직여 보자. ～는 손뼉을 치고 있구나. ～는 팔을 흔들면서 걷는구나.
⑥ 익숙해지면 교사 대신 원하는 유아에게 리듬악기 칠 기회를 주고, 그에 맞추어 다른 유아들이 다양하게 움직여 보도록 한다.

### 5 확장활동

① 음률 영역에 비치한 기본 악기에 대해 유아가 한 번 쯤 탐색해 보고, 경

험해 볼 수 있도록 기회를 제공해 준다.

② 리본, 스카프와 같은 소품을 이용하여 움직여 보게 할 수 있다.

－교육부 '유치원교육활동 자료집' 제2권, p. 73

## 4. 음악 듣기

음악의 여러 영역 중 듣기는 가장 먼저 시작되는 경험이며 기본적인 음악 경험이 된다. 음악은 느낌, 감정, 심미적 의미와 아름다움을 전달하는 의사소통의 도구로서 감상을 포함한 듣기를 통한 음악활동은 모든 음악적 반응을 불러일으키기 위하여 절대적으로 필요하다(전인옥·이숙희, 1997). 음악의 아름다움을 음미하고 감동될 수 있는 마음을 육성하는 것은 모름지기 음악교육의 근본이다(김인실, 2001).

또한 음악은 청각예술이므로 유아음악교육의 모든 활동도 음악 듣기를 동반한 활동으로서 음악 듣기는 음악교육의 기초이다. 노래를 부르거나 악기를 다루거나 음악에 맞추어 신체표현을 하거나 음악 만들기를 할 때 유아는 음과 음률조직에 대하여 지각하게 되고 리듬에 반응하게 된다.

듣기는 태아 때부터 시작된다. 유아기는 일생 중에서 소리에 대하여 가장 민감하게 반응하는 시기로서 소리에 대하여 호기심이 왕성하고 소리를 만들어 내는 욕구도 크다. 유아기의 음악 듣기 경험은 성장 후 음악을 좋아하고 음악활동을 하는 잠재력을 키워주는 요인이 된다. 또한 유아기는 일생을 통해 가장 개방적으로 모든 종류의 음악에 폭넓은 선호 경향을 보이는 시기이다(Scott, 1989). 그러므로 유아기에는 여러 가지 악기소리와 다양한 주변의 소리를 탐색할 수 있는 기회를 제공할 뿐 아니라 여러 장르의 음악을 다양하게 경험하도록 하여야 한다. 특히 우리나라 전통음악을 비롯하여 다른 나라의 민속 음악들도 폭넓게 들을 수 있도록 하여 다문화를 경험하도록 하여야 한다. 특히 유아의 청감각이 급속도로 발달되기 시작하는 만 3세 경부터는 소리 탐색의 과정을 넘어 다양한 장르의 양질의 음악을 좀더 체계적으로 감상하고 느껴보는 경험을 지속적으로 제공할 필요가 있다.

### 1) 소리 탐색하기

소리 탐색은 음악 감상하기 이전 단계로 이는 음악의 전체적인 흐름이나 이에 따른 느낌에 집중하기 보다는 단순히 소리의 특질을 파악하여 듣는 과정이다. 여러 가지 소리들을 듣고 각각의 특징을 알아보거나 소리의 색깔(음색)을 구별하여 보는 등의 활동이다. 소리 탐색을 위하여 다양한 소리나는 물체와 서로 다른 재질의 악기, 유아들의 목소리가 좋은 재료가 될 것이며 이는 실제로 소리를 내보거나 녹음하여 들려주거나 또다른 음향기기를 이용하여 가능하다. 소리 탐색의 단계에서도 어린 연령의 유아들의 경우에는 단순히 여러 가지 소리를 내보고 들어보는 활동으로 그칠 수 있으나 좀더 높은 연령으로 갈수록 소리의 특질을 비교하여 들어보는 좀더 구조화된 소리 탐색 활동으로 발전시킬 수 있다. 아래는 서로 비교하여 소리 탐색을 해 볼 수 있는 소리의 예이다.

· 무거운 소리 — 가벼운 소리
· 부드러운 소리 — 날카로운 소리
· 짧은 소리 — 긴 소리
· 큰 소리 — 작은 소리
· 탁한 소리 — 맑은 소리
· 높은 소리 — 낮은 소리

### 2) 음악 감상하기

음악 감상 활동은 음악을 집중하여 듣는 활동이므로 초등학생의 경우에도 그리 쉬운 활동은 아니며 유아의 경우 집중 시간이 짧고 몸을 움직이지 않고 조용히 있을 수 있는 것이 그리 쉽지 않으므로 더욱 어려울 수 있다. 그러므로 유아들의 음악 감상 활동은 유아들의 발달을 고려한 접근 방법이 필요하다. 음악 감상 활동의 주된 목적은 음악에 내재된 여러 가지 요소들을 느끼고 파악하여 전체적으로 음악의 미적 아름다움에 반응하는 것이다. 이를 위하여 우선은 유아의 흥미와 집중 시간을 고려한 양질의 곡이 선정되어야 하며 유아가 음악의 내재적 요소에 반응하며 집중하여 들을 수 있는 방법으로 감상이 진행되어야 한다. 이러한 방법으로는 표제음악(제목이 있어 제목에 어울리는 음악을 전개하거나 특정 주제를 정하여 이를 표현한 음악으로 예를 들면, 생상의 '동물의 사육제' 등)의 경우는 유아가 곡의 내용을 잘 느낄 수 있도록 곡에 관련된 영상자료나 그림을 제시하는 방법, 곡에 내재된 스토리를 이야기해 주고 듣게 하는 방법 등이 있으며 이러한 방법을 적용하기 어려운 절대음악(표현하고자 하는 특정 주제가 없이 음악의 본질적 요소와 형식의 아름다움을 추구하는 음악으로 그 음악의 형식이 제목이 되는 경우가 많다. 예를 들면, 소나타, 협주곡 등)의 경우는 유아로 하여금 음악의 요소들에 대한 청감각의 반응을 그림으로 표현하거나 동작으로 표현하는 등 외적으로 표현하도록 하면서 듣는 방법이 효과적이다. 이러한 방법으로는 다음과 같은 예가 있다.

① 가락의 흐름을 선으로 그려가면서 음악을 듣는다.

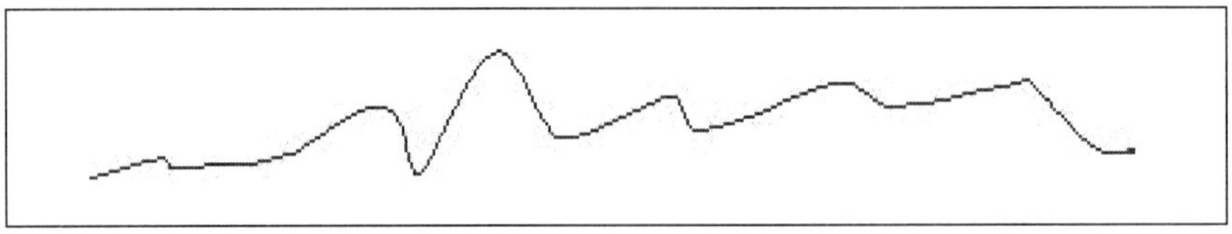

② 여러 개의 동그라미가 그려진 도화지에 색연필을 이용하여 자신이 듣고 있는 곡의 밝은 느낌과 어두운 느낌에 따라 특정 색을 칠하며 듣는다.

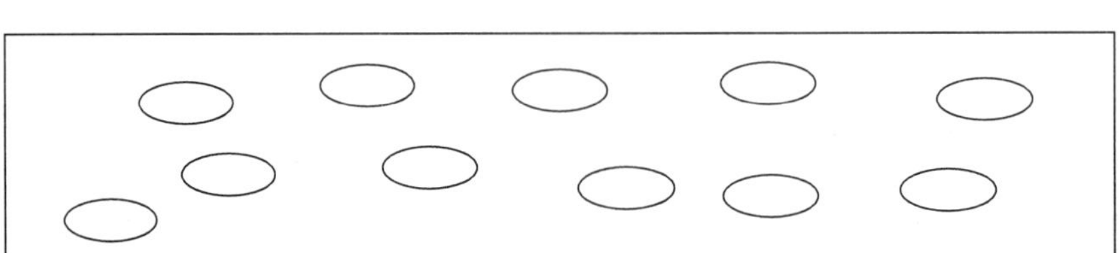

③ 가락의 흐름에 따라 손으로 지휘해 보면서 듣는다.
④ 셈여림 변화에 따라 손으로 지휘해 보면서 듣는다.
⑤ 빠르기 변화에 따라 손으로 지휘해 보면서 듣는다.
⑥ 간단하고 반복적인 리듬을 손으로 치면서 듣는다.
⑦ 앉은 자리에서 음악에 맞추어 몸을 자연스럽게 움직이면서 듣는다.

### 3) 지도 방법

음악 감상이 너무 경직되고 진지한 나머지 유아들에게 지루한 시간이 되면 안 된다. 그러므로 다른 활동에서와 마찬가지로 음악 감상도 신나고 즐거운 놀이가 될 수 있어야 한다. 음악의 여러 가지 요소들을 잘 파악하여 들을 수 있고 즐거운 경험이 되는 두 가지 조건을 충족하려면 무엇보다도 교사가 곡을 감상하기 전에 어떻게 도입하는가가 중요하다. 이는 곡에 따라 다양한 방법이 적용될 수 있으며 어떤 방법이 효과적일 수 있는가를 판단하는 근거는 유아가 그 곡을 집중하여 잘 들을 수 있도록 돕는 방법인가와 즐겁게 들을 수 있도록 하는 방법인가이다.

곡을 도입하는 방법에 있어서 감상활동 이전의 유아들의 활동이 감상 곡의 내용과 관련이 있는 것이었다면 매우 자연스럽게 유아를 감상곡으로 안내할 수 있을 것이다. 예를 들어, 시계에 대하여 학습을 한 경우 '할아버지의 시계'라는 곡을 들려주면 유아들에게 자연스럽게 받아들여지고 쉽게 관심을 가지게 할 수 있을 것이다. 또한 새들에 대하여 학습하였거나 새들을 관찰하고 온 뒤라면 '뻐꾹 월츠'가 어울릴 것이다. 유아들은 자신의 경험과 관련이 있는 소재를 좋아하므로 이와 관련 있는 곡을 선정하여 유아들의 경험과 느낌을 연결지어 보도록 하는 것도 좋다. 이러한 예로는 프리오르의 '휘파람 부는 사람과 개', 프로코피에프의 '증기 기관차', 요한스트라우스의 '천둥과 번개' 등이 있다.

유아들의 마음의 준비가 되어졌다면 교사는 음향기기나 영상기기를 이용하여 음악을 감상하도록 하는데 일반적으로는 CD나 녹음테이프를 이용하는 것이 보통이나 유아들에게는 소리만 제공되는 것 보다는 영상이 함께 제공되는 뮤직비디오 형식으로 된 것이 훨씬 흥미있고 감상하기에 수월하다. 그러나 우리나라 실정에서 유아에게 적당하면서도 양질의 음악을 영상과 함께 감상할 수 있는 자료는 구하기가 용이하지 않다. 근래의 추천할 만한 영상물로는 KBS클래식 오딧세이에서 방영했던 '환타지 2000'으로 유아가 들을만한 클래식 소품에 곡의 내용과 느낌에 어울리게 만화형식의 그림을 결합시켜 만든 영상물로 유아들이 보기에 매우 좋은 자료이다.

교사는 곡을 한번 들은 후에 반드시 유아들과 느낌을 이야기해 보고 곡의 여러 가지 특징들에 대하여도 이야기 나누어 보는 것이 필요하다. 감상은 곡을 처음부터 끝까지 끊지 않고 듣는 것은 물론이고 특별한 설명이나 곡의 특징을 파악하기 위하여 특정 부분을 다시 들어볼 수도 있다. 반복적으로 나타나는 특정한 가락이나 리듬 등은 유아들과 함께 소리내 보는 것도 좋다. 감상곡은 한두 번 듣는 것으로 그치지 않고 유아교육기관에서 감상한 곡을 가정통신문을 통하여 가정에서도 계속적으로 들을 수 있도록 하면 유아들이 자연스럽게 음악을 듣는 일에 익숙해 질 것이다.

감상은 반드시 교실에서 이루어져야 하는 것은 아니다. 유아로 하여금 연주에 방해가 되지 않는다면 지역사회의 음악회장에 가거나 이웃 유아교육기관의 음악 발표회를 관람하거나 지역 대학의 유아교육과에서 주최하는 유아를 위한 음악발표회를 관람한다면 실제로 연주하는 살아있는 음악을 만날 것이며 즐거운 경험이 될 것이다.

### 4) 교사가 고려할 점

① 교사는 곡의 느낌에 대하여 획일화된 대답을 기대하지 않아야 하며 유아들이 느낀 것을 언어로 표현하는데 어려움이 있을 수 있으므로 그들이 말하고자 하는 느낌이 무엇인지 파악하여 표현을 도울 필요가 있다.

② 감상을 하기 위하여 유아들이 소란스럽지 않도록 감상을 위한 자세를 준비할 필요가 있으나 반드시 바른 자세로 앉아서만 음악 감상을 할 수 있는 것은 아니다. 그러므로 경우에 따라서 모두 자유롭게 누워서 눈을 감고

들어 볼 수도 있으며 행진곡 등은 감상에 방해가 되지 않는 범위에서 박자에 맞춰 걸으면서 들을 수도 있다. 또한 춤곡은 감상에 방해가 되지 않는 범위 내에서 자유로이 몸을 조금씩 움직여 춤을 추듯 하며 들을 수 있다.

③ 교사는 감상이 딱딱하고 부담스런 시간이 되지 않도록 하기 위하여 유아에게 어울리는 곡을 선정할 필요가 있으며 반드시 양질의 곡을 양질의 음향기기를 통하여 듣도록 배려하여야 한다.

④ 교사는 유아에게 어울리는 곡이 무엇인지 파악하기 위하여 평소에 꾸준히 다양한 음악에 자신을 노출시켜 자신이 먼저 음악의 아름다움에 취하여보는 경험을 가져야 한다.

### 5) 음악 감상 활동의 실제

## 뻐꾸기 월츠

1 목표

① 음악을 바르게 감상하는 태도를 가진다.

② 음악을 감상하고 그 느낌을 이야기할 수 있다.

2 교육과정 관련 요소

표현 생활 — 탐색 : 소리 탐색하기
감상 : 음악 감상하기

3 준비물

'뻐꾸기 월츠' 테이프, 녹음기

4 활동방법

① 음률영역에서 소그룹으로 음악을 감상한다.

② 음악을 들으면서 이야기를 나눈다.

→ 음악을 들으니 어떤 느낌이 나니 ?

→ 음악을 들으니 무엇이 생각나니?

③ 음악의 제목과 작곡가에 대하여 알려 준다.

④ 음악을 다시 감상한다.

5 확장활동

음악을 감상한 후 그 느낌을 그림으로 표현해 볼 수 있다.

—교육부 '유치원교육활동 자료집' 제7권, p. 164

## 좋아하는 음악 듣기

1 목 표

① 다양한 종류의 음악을 감상하고 느낀다.

② 익숙한 소리를 통해 정서적 안정감을 느낀다.

2 교육과정 관련 요소

표현 생활 — 감상 : 감상하기

사회 생활 — 개인 생활 : 감정과 욕구 조절하기

3 준비물

집에서 녹음해 오거나 가져온 음악 테이프, 녹음기, 헤드폰, 테이프 꽂이, 벽면에 게시할 음악에 관련된 그림이나 사진

4 활동방법

① 유아가 준비된 환경에 관심을 보일 때 활동을 소개한다.

→ 여기에 친구들이 집에서 잘 듣는 음악이 모여 있단다. 테이프를 찾아서 들어 볼 수 있니?

② 평소에 자기가 좋아하는 노래나 음악을 듣는다.

③ 다른 친구의 테이프도 들어 보도록 한다.

→ 이것은 ~가 좋아하는 노래인데 들어 보겠니?

④ 여러 명의 유아가 함께 음악을 듣고 감상을 표현하도록 격려한다.

→ ~는 이 음악을 들으면서 무슨 생각을 했니?

→ 너희들은 ~가 좋아하는 음악을 같이 들어 보면서 어떤 느낌이 들었니?

5 확장활동

공 테이프를 내 주고, 유아가 좋아하는 이야기나 노래를 직접 녹음해 보고 듣게 한다.

—교육부 '유치원교육활동 자료집' 제2권, p. 44

## '자장가' 감상

1 목표

① 다양한 자장가를 감상하고 느낀다.

② 익숙한 목소리를 들으면서 정서적 안정감을 느낀다.

2 교육과정 관련 요소

표현 생활 — 감상 : 음악 감상하기

사회 생활 — 개인 생활 : 나에 대해 긍정적으로 생각하기

3 준비물

부모나 조부모가 집에서 유아에게 많이 불러 주었던 자장가를 녹음한 테이프, 인형

4 활동방법

① 유아의 가정에서 가장 많이 들려주고 있는 자장가를 골라 들려주고, 누구네 집에서 부르는 자장가인지를 이야기해 본다. 함께 따라 할 수 있는 부분은 불러본다.

② 유아에게 어머니처럼 인형을 안고 재워 보게 한다.

→ 인형이 졸립단다. 어떻게 하면 인형을 좀더 편하게 자게 할 수 있을까?

③ 다른 종류의 자장가를 들려주고 이야기를 나눈다.

→ 이번에는 다른 자장가를 들으며 너의 인형을 재워 보렴.

→ 어떤 자장가를 들려주니까 인형이 더 잘 잤니?

④ 또다른 곡의 자장가를 들려주고 재워 본 후, 자장가 곡들의 특성에 대해 이야기를 나눈다.

5 확장활동

① 음률 영역에 자장가 테이프를 꽂아 두고, 각 테이프의 겉면에 유아 사진을 붙여 두어 누구네 집에서 부르는 자장가인가를 알 수 있도록 한다. 유아가 자신의 어머니를 비롯해 원하는 친구 어머니의 목소리를 들을 수 있도록 카세트를 마련해 준다.

② 자장가를 들으면서 느낌을 그림이나 움직임으로 표현해 본다.

③ 자장가의 느린 속도에 맞추어 악기를 연주해 본다.

－교육부 '유치원교육활동 자료집' 제2권, p. 81

## '휘파람 부는 사람과 개' 감상

1 목 표

① 음악을 듣는 태도를 기른다.

② 아침 산책을 중심으로 각 가정의 생활을 알아본다.

2 교육과정 관련 요소

표현 생활 — 감상 : 음악 감상하기

탐색 : 소리 탐색하기

사회 생활 — 집단 생활 : 다른 사람을 이해하고 존중하기

③ 준비물

녹음기, 음악 녹음 테이프

④ 활동방법

① 프리오르의 관현악곡 '휘파람 부는 사람과 개'라는 음악을 유아들에게 들려준다. 이 때, 유아들이 음악에 대한 나름대로의 느낌을 가질 수 있도록 음악의 제목과 작곡가에 대한 안내를 미리 하지 않는다.

→ 이제 선생님이 어떤 음악을 들려 줄 거야. 음악을 모두 잘 들으려면 어떻게 해야 할까?

→ 음악을 들으면서 어떤 느낌이 드는지 생각하면서 들어 보자. 그리고 맨 마지막에 동물 소리가 들릴 거야. 어떤 동물인지도 맞혀 보자.

② 음악을 들은 후 어떤 느낌이 드는지, 음악에 어떤 이야기가 들어 있는 것 같은지 자유롭게 이야기한다.

③ 음악과 음악을 만든 작곡가의 생각을 알려 주고, 유아들의 경험을 이야기한다.

→ 이 음악의 작곡가는 '프리오르' 임을 말한다.

→ 프리오르 선생님은 아침에 휘파람을 불면서 개를 데리고 산책하는 사람을 보면서 음악을 만드셨음을 이야기해 준다. 그래서 이 음악의 제목이 '휘파람 부는 사람과 개' 임을 말한다.

→ 이 음악에서처럼 아침에 산책을 해 본 적이 있니? 어디서 했니? 누구와 했니?

→ 아침에 산책 말고 또다른 어떤 일을 할 수 있지?

④ 작곡가의 의도를 생각하며 다시 한 번 음악을 들어 본다.

⑤ 음악을 들으면서 신체표현 활동을 해 본다. 즉, 휘파람 부는 사람이 되거나 개가 되어 산책하는 모습을 표현해 본다.

⑤ 확장활동

음악을 들은 느낌을 그림으로 표현해 볼 수도 있다. 유아들이 그림을 그리는 동안 배경 음악으로 본 음악을 들려주는 것이 좋다.

—교육부 '유치원교육활동 자료집' 제3권, p. 205

## '봄의 소리' 감상

1 목표

① 음악을 바르게 감상하는 태도를 기른다.

② 음악에 대한 자신의 느낌을 언어와 몸으로 표현한다.

2 교육과정 관련 요소

표현 생활 — 감상 : 음악 감상하기

언어 생활 — 말하기 : 경험, 생각, 느낌 말하기

3 준비물

요한슈트라우스 2세의 왈츠(봄의 소리) 테이프, 녹음기

4 활동방법

① 음악 감상에 대해 이야기한다.

② 음악 감상을 하는 태도에 대해 이야기한다.

→ 음악을 잘 감상하려면 어떻게 할까? (음악을 감상하는 유아를 방해하지 않는다, 조용히 음악에 귀를 기울인다)

③ 제목과 종류(왈츠 : 3/4 박자의 춤곡), 작곡가에 대해 소개한다. 또는 음악을 먼저 들려주고, 유아들에게 어떤 느낌이 드는지, 들어 본 경험이 있는지 등을 이야기하게 한 다음, 곡명과 작곡자를 소개한다.

④ 음악을 듣는다.

⑤ 음악에 대한 느낌, 감상을 이야기 나눈다.

→ 이런 음악을 들어 본 적이 있니?

→ 음악을 들으니 어떤 느낌이 드니? 어떤 생각이 들었니?

→ 음악에 맞추어 몸을 어떻게 움직여 볼 수 있니?

⑥ 음악을 다시 들으면서 느낌을 몸으로 표현해 본 후 이야기한다.

→ 음악을 듣고 몸으로 표현해 본 느낌이 어떠니?

→ 음악의 어느 부분이 가장 좋게 느껴지니?

5 확장활동

① 음악을 감상하면서 느낌이나 연상되는 것들을 그림으로 표현해 본다.

② 왈츠 추는 모습을 녹화한 것을 감상하고, 유아들이 일어서서 자유롭게 음악에 맞추어 움직여 보도록 한다.

— 교육부 '유치원교육활동 자료집' 제4권, p. 55

### 6) 유아에게 적합한 음악

#### (1) 유아에게 적합한 음악

① 음악은 유아의 집중 시간을 고려하여 너무 길지 않아야 한다. 연령에 따라 조절하되 대략은 2~3분 내외의 곡이 적당하다.

② 반드시 양질의 곡을 선정하여야 한다. 유아기 듣기 경험은 유아의 음악성 발달에도 지대한 영향을 미치므로 유아의 정서발달에 손상을 주거나 음악적으로 너무 질이 떨어지는 곡은 좋지 않다. 예를 들면, 지나치게 비선율적이거나 화성적 부조화가 심한 경우, 악보상 문제는 없으나 연주상 정확도가 떨어져 음정이나 리듬 등이 불분명한 경우, 음반이나 테이프의 상태가 불량하여 음질이 심하게 떨어지는 경우 등이다.

③ 다양한 장르의 다양한 연주 형태를 포함하되 다양한 문화권의 음악도 접할 수 있으면 좋다. 다양한 장르의 음악을 경험한다 하더라도 무분별한 소개가 아니라 유아의 음악성 발달을 저해하지 않는 범위 내에서 교육적이라야 한다. 예를 들면, 대중음악 중 지나치게 강렬한 리듬으로 광적으로 흥분하며 부르는 노래나 음정이 매우 불확실하고 리듬도 명확하지 않은

랩 스타일의 음악은 유아의 음감과 리듬감 발달을 저해하는 것이므로 피하는 것이 좋다.

④ 유아의 흥미를 고려하여 이야기가 있는 음악이나 특정 사물이나 동물이나 상황 등을 묘사한 음악, 음향이 재미있는 소리로 구성되어 유아의 관심을 끌만하거나 다양하게 변화되는 음악 등을 선정하면 좋다.

### (2) 음악 감상곡 목록

여기에서는 교사들이 흔히 접할 수 있는 동요나 민요 등은 생략하고 교사들에게 실제적인 도움이 될 수 있는 클래식곡을 중심으로 하여 실제로 유아교육기관에서 감상활동에 사용할 수 있도록 곡에 대한 정보를 소개하기로 한다.

〈음악 감상곡 목록〉

| 번호 | 작곡자 | 곡 명 | 연주형태 | 곡의 특징 및 참고사항 |
|---|---|---|---|---|
| 1 | 비발디 | 사계 | 합주협주곡 | 상당히 긴 곡이므로 계절 별 악장별로 발췌하여 듣도록 한다. |
| 2 | 생상 | 동물의 사육제 | 기악 모음곡 | 동물을 묘사한 긴 모음곡이므로 몇 개의 곡씩 나누어 들어도 좋다. |
| 3 | 하이든 | 놀람교향곡 3악장 | 관현악곡 | 제목에서 보듯이 갑자기 소리가 세지므로 놀라는 듯한 부분이 있어 흥미롭다. |
| 4 | 프로코피에프 | 피터와 늑대 | 관현악곡 | 동화 이야기를 음악으로 꾸민 것으로 최근 조수미가 해설을 붙인 CD자료는 재미있으면서도 유아가 이해하기에 용이하다. |
| 5 | 림스키코르사코프 | 왕벌의 비행 | 관현악곡 | 벌떼들이 왱왱거리며 정신없이 날아다니는 모습을 잘 묘사한 음악이다. |
| 6 | 차이코프스키 | 호두까기 인형 | 관현악모음곡 | 크리스마스에 유아를 주인공으로 한 이야기를 바탕으로 하여 작곡된 곡으로 긴 모음곡이므로 한 곡씩 나누어 들으면 좋다. |
| 7 | 보케리니 | 미뉴엣 | 현악5중주곡 | 짧은 춤곡으로 매우 경쾌하고 밝은 곡이어서 유아의 정서에 맞고 춤을 추기에도 적당하다. |
| 8 | 요나슨 | 뻐꾹월츠 | 관현악곡 | 즐겁고 명랑한 곡이며 뻐꾹새를 묘사하는 소리가 자주 등장하여 흥미롭다. |
| 9 | 오르스 | 시계점에서 | 관현악곡 | 시계점의 각종 시계들의 째깍째깍하는 소리를 묘사한 재미있는 곡이다. |

| | | | | |
|---|---|---|---|---|
| 10 | 쇼팽 | 빗방울전주곡 OP.25-15 | 피아노곡 | 비오는 날 빗방울이 규칙적으로 뚝뚝 떨어지는 소리를 묘사한 음악이다. |
| 11 | 요한스트라우스 | 천둥과 번개 | 관현악곡 | 천둥소리와 번개치는 소리 등이 타악기를 중심으로 재미있게 묘사되는 곡이다. |
| 12 | 요한스트라우스 | 피치카토폴라 | 관현악곡 | 현악기들이 활을 쓰지 않고 피치카토로만 곡을 연주하여 음색이 독특한 춤곡이다. |
| 13 | 모차르트 | '작은별' 변주곡 | 피아노곡 | 유아들에게 친숙한 동요를 다양하게 장식적으로 변주한 곡이다. 여러 개의 변주가 있으므로 몇 개씩 나누어 감상하면 좋다. |
| 14 | 앤더슨 | 타이프라이터 | 관현악곡 | 마치 타이프라이터가 재빠르게 타이프를 치는 듯한 소리를 묘사한 것으로 흥미롭다. |
| 15 | 무소르그스키 | 전람회의 그림 중 소마차 | 피아노곡 | 관현악곡으로 된 것도 있다. 마치 마차를 묘사한 듯한 음악이다. |
| 16 | 베토벤 | 아테네의 폐허 중 터어키행진곡 | 피아노곡 | 활기차고 생기 있는 곡이다. |
| 17 | 비제 | 어린이의 놀이 중 나팔과 북 | 피아노곡 | 나팔과 북을 연주하며 행진하는 듯한 광경을 느끼게 하는 곡이다. |
| 18 | 프리오르 | 휘파람 부는 사람과 개 | 관현악곡 | 휘파람 소리가 자주 등장하여 흥미롭다. |
| 19 | 쇼팽 | 군대행진곡 | 피아노곡 | 군대가 행진하듯 힘차고 씩씩한 곡이다. |
| 20 | 요한스트라우스 | 라데츠키 행진곡 | 관현악곡 | 빈의 신년음악회에서 자주 연주되는 곡으로 매우 신나고 저절로 박자를 맞춰 몸을 움직이게 되는 생동감 넘치는 곡이다. |
| 21 | 베토벤 | 미뉴엣 | 피아노곡, 관현악곡 | 서정적이고 부드럽고 아름다운 춤곡이다. |
| 22 | 하이든 | 장난감교향곡 | 관현악곡 | 곡 중 다양한 장난감을 묘사한 소리들이 유아의 재미를 더한다. |
| 23 | 리차드 로프렐스 | 도레미송 | 성악곡 | 사운드오브뮤직에 나오는 유명한 노래이다. 유아가 따라 부르기에 좋다. |
| 24 | 슈베르트 | 자장가 | 성악곡 | 잠자리에서 엄마가 불러주는 듯한 사랑스런 노래이다. 우리말로 번역된 곡이어야 유아가 이해하기 쉽다. |
| 25 | 모차르트 | 자장가 | 성악곡 | 잠자리에서 엄마가 불러주는 듯한 사랑스런 노래이다. 우리말로 번역된 곡이어야 유아가 이해하기 쉽다. |

| 26 | 브람스 | 자장가 | 성악곡 | 잠자리에서 엄마가 불러주는 듯한 사랑스런 노래이다. 우리말로 번역된 곡이어야 유아가 이해하기 쉽다. |
|---|---|---|---|---|
| 27 | 쇼팽 | 강아지월츠 | 피아노곡 | 마치 강아지가 빠르게 움직이며 재롱을 피우는 모습을 묘사하는 듯한 음악이다. |
| 28 | 슈만 | 즐거운 농부 | 피아노곡 | 농부가 하루 일을 마치고 콧노래를 부르며 돌아오는 듯한 즐거운 음악이다. |

## 5. 음악 만들기

일반적으로 음악 만들기는 '창작'으로 명명되며 '창작'이라고 할 때 보통은 작곡을 떠올리게 된다. 대부분의 유아가 독보력도 없으며 악보를 적을 수 있는 능력도 없다고 볼 때 유아에게 있어서 창작은 불가능한 것이라고 생각될 수 있다. 그러나 음악에서 창작의 본질이 자신의 느낌이나 생각을 음을 통하여 표현해 내는 것에 있다고 볼 때 이를 위하여 유아에게 가능한 방법을 개발해 낸다면 유아의 음악 만들기는 충분히 가능한 활동이다. 예를 들면, 교사와 유아가 즉흥적인 가락을 넣어 노래로 이야기하기 게임을 하거나 교사가 노래로 묻고 유아가 자신의 노래로 물음에 답을 해보는 형식의 놀이는 초기 가락 만들기 활동으로 적합하다. 또한 각각의 유아가 리듬형을 하나 제시하면 다른 유아들이 따라 치고 또 다른 유아가 리듬형을 하나 만들어 쳐 보이면 나머지 유아들이 그대로 쳐보는 놀이는 초기 리듬 만들기 활동으로 적합하다. 그러므로 교사의 유아를 위한 음악 만들기 활동에 대한 의식의 전환이 필요하며 유아들의 음악 만들기 활동을 위하여 적극적으로 프로그램 개발을 하는 것이 필요하다.

유아는 본능적으로 창의적이다. 어린 연령의 유아라도 그들은 즐거울 때 흥얼거리며 가락을 만들어 내고 물체를 두드리며 소리 만들어 내기를 즐긴다. 그들은 자신이 만들어 내는 소리들을 스스로 즐기며 다른 사람에 의해 격려받을 때 성취감과 자신감을 가지게 된다. 이러한 경험은 모든 영역의 음악활동을 촉진하고 강화시키는 요인으로 작용된다.

### 1) 소리의 모방

음악적 개념이 아직 본격적으로 형성되지 않은 어린 유아들의 경우 음악 만들기는 모방으로부터 시작된다. 다양한 소리에 대한 모방은 이후의 소리 만들기를 위한 재료들이 된다. 모방 단계에서는 먼저 단순한 한두 음의 소리 모방으로부터 시작될 수 있다. 교사가 어떤 소리 나는 물체를 놓고 유아 앞에서 단순하게 '톡톡' 쳐 보이고 유아도 똑같이 흉내내보도록 하면 유아는 쉽게 모방할 수 있으며 흥미를 느끼게 될 것이다. 그러면 교사는 같은 수준에서 또다른 방법으로 '토도독' 쳐 보이고 유아가 따라 쳐보는 방식으로 다양하게 소리 모방하기를 함으로써 유아로 하여금 소리 탐색 및 길고 짧은 음에 대한 감각을 가지도록 도울 수 있다.

단순한 물체나 악기 소리 이외에 목소리를 이용한 소리 모방하기도 좋은 방법의 하나이다. 목소리는 자신의 신체기관을 이용하는 것이므로 신체기관의 조절능력도 동시에 기를 수 있다. 교사는 유아가 소리내기 편안한 음역에서 2-3음을 이용하여 가락 음정을 내면 유아가 그대로 따라 소리내 본다. 처음에는 단순히 '도－미', '솔－미', '미－레－미' 등 음정만 따라 해보는데 그치나 익숙해지면 각 음을 길게 혹은 짧게 냄으로써 리듬도 함께 표현하도록 해본다. 이러한 소리 모방하기는 소리 만들기의 기초를 이루는 경험이 된다.

### 2) 리듬 만들기

리듬 만들기는 소리 모방하기에서처럼 단순히 다른 사람의 소리를 모방하는 것이 아니라 이제는 자신이 직접 만들어 보는 것이다. 예를 들면, 각각의 유아가 리듬막대를 가지고 원으로 둘러 앉아 한 명씩 돌아가면서 릴레이식으로 리듬을 만들어 쳐 보이는 놀이는 유아가 음표에 대한 인식을 없을지라도 음의 길고 짧음에 대한 인식은 가질 수 있다. 어린 연령의 경우는 아무 조건 제시 없이 즉흥적으로 리듬을 만들어 보도록 하고 좀더 높은 연령에서는 각각의 유아가 일정한 박의 단위 내에서 리듬패턴을 만들 수 있도록 4박자를 한 단위로 하여 리듬패턴을 만들도록 유도하면 박자 개념도 얻어지며 좀더 체계적인 리듬패턴을 이끌어낼 수 있다. 4박자를 한 단위로 한 간단한 리듬패턴의 예는 다음과 같다.

① ♩ ♩ ♩ ♩ ② ♩ ♩ 𝄽 ♩ ③ ♩ 𝄽 ♩ ♩ ④ ♩ ♩

⑤ 𝅗𝅥 ♩ ♩ ⑥ ♩ ♩ ♪♪ ♩ ⑦ ♪♪ ♩ ♩ ♩ ♩

### 3) 가락 만들기

가락 만들기 역시 유아들에게는 놀이의 형식으로 접근하면 매우 즐거운 경험이 될 수 있다. 어린 연령의 유아들에게는 교사가 단순하게 노래로 묻고 유아가 노래로 대답하는 형식의 놀이가 적당하다. 예를 들면, 교사가 즉흥적인 가락을 넣어 유아들에게 "여러 가지 색깔 중에 무슨 색을 좋아하나요?"라고 물으면 유아들 역시 그 대답을 즉흥적 가락에 실어 "빨강색이요"라는 식으로 대답한다. 교사가 적극적으로 가락을 표현해야 유아들에게 동기유발이 될 수 있다. 또다른 질문으로 이름이나 나이를 물을 수 있고 좋아하는 사람이나 좋아하는 음식, 좋아하는 동물 등을 노래로 말해 보도록 할 수 있다. 처음에는 유아 전체를 대상으로 묻고 대답해 볼 수 있으며 그 다음은 한 명을 지명하여 교사가 묻고 유아가 대답할 수 있다.

좀더 높은 연령의 유아들은 위의 예처럼 묻고 대답하기 형식의 놀이를 발전시켜 좀더 긴 문장의 대답을 요구하는 놀이로 적용할 수 있다. 예를 들면, 교사는 "지난 주말에는 무엇을 하고 놀았나요?", 혹은 "가장 기분이 좋을 때는 언제인가요?" 등으로 단답형이 아닌 좀더 긴 대답을 요구하는 질문을 하는 것이다.

또다른 방법으로는 좀더 활발한 가락 만들기가 될 수 있도록 적절한 놀이의 상황을 설정하는 방법이다. 예를 들면, 극 놀이를 하되 모두가 노래나라에 있다고 가정하고 그 나라의 언어는 노래밖에 없다고 설정한 뒤 모든 대화를 노래로 하도록 해 볼 수 있다. 이는 마치 오페라와 유사한 형태이다. 이때 교사는 유아들의 적극적인 활동을 이끌어내기 위하여 함께 놀이에 참여하여 시범을 보이고 놀이의 일원이 되어 다른 유아들의 표현을 촉진시키는 역할을 하는 것이 좋다.

그밖에도 글자를 읽을 수 있는 연령의 유아들이라면 유아에게 적합한 간단한 시를 소개하여 여러 번 함께 읽으면서 음미해 보게 한 뒤 각자가 자유롭게 시에 가락을 붙여 노래로 불러보도록 하는 방법이다. 이러한 활동에는 교사의 모델링이 유아의 동기유발과 활동의 질을 가늠하는 중요한 요소가 되며 유아들의 표현에 있어서 어떠한 경우에도 정답이 없으므로 교사는 어떤 틀을 강요하거나 유아를 수정하려들지 말고 표현을 격려하여야 한다.

### 4) 교사가 고려할 점

① 유아의 소리에 대한 실험과 표현이 일어날 때마다 교사는 유아를 격려하고 그 활동이 방해받지 않도록 충분한 시간과 공간을 확보하고 상황을 유지시켜 주어야 한다.

② 교사는 유아들이 적극적으로 음악 만들기에 참여하도록 하기 위하여 유아들이 자신감을 가지도록 도와야 한다.

③ 교사는 유아들의 창의적인 음악 만들기 활동이 더 활발하고 의미 있게 이루어지도록 하기 위하여 적절한 상호작용을 통하여 그들의 활동을 촉진시켜 주어야 한다.

### 5) 음악 만들기 활동의 실제

## 리듬 따라치기(즉흥으로 리듬 만들기)

1 목표

① 즉흥으로 간단한 리듬패턴을 만들어 소리낼 수 있다.

② 여러 사람이 표현하는 다양한 리듬형을 따라 칠 수 있다.

2 활동방법

① 먼저 유아들에게 4박자 정도의 단순한 리듬패턴을 여러 개 쳐 보이며 각 리듬패턴을 유아가 따라 쳐 보도록 한다.

② 각각의 유아가 돌아가면서 간단한 리듬형 하나를 즉흥으로 쳐 보이면 나머지 유아들이 똑같이 따라 쳐 본 후 그 다음 유아가 같은 요령으로 또다른 리듬을 만들어 치고 유아들이 따라 쳐 보는 식의 리듬게임이다. 리듬치기는 손뼉으로 할 수도 있으나 소리를 분명히 표현하기 위하여 우드블럭이나 리듬막대 등을 사용하는 것이 효과적이다.

3 확장활동

유아의 수준에 따라 좀더 긴 리듬도 좋으며 간단한 동작을 결합시켜 동작도 함께  따라 해 보면 좋다.

## 내가 좋아하는 것(즉흥으로 가락 만들기)

1 목표

① 즉흥으로 가락을 만들어 부를 수 있다.

② 여러 사람이 즉흥으로 부르는 가락을 즐길 수 있다.

2 활동방법

유아들이 각자 좋아하는 동물에 대하여 말해 보도록 하고 한 명씩 돌아가면서 "내가 좋아하는 동물은 ~이지요"라는 말을 즉흥으로 가락을 붙여 노래로 표현해 보도록 한다. 먼저 교사가 시범을 보인다. 교사가 시범을 보인 가락으로 유아가 모방을 해도 상관없으나 같은 가락이 반복되면 교사는 교사의 차례가 될 때 가락을 바꾸어 표현해 본다.

3 확장활동

동물 대신 음식, 좋아하는 사람, 놀이, 좋아하는 과일 등을 넣어 일종의 노래

게임으로 진행하면 좋다.

－임혜정(1995) 저 '유아의 음악성계발프로그램' p. 20

## 즉흥 연주

1 목표

① 동물이나 자연의 소리를 악기로 묘사해 볼 수 있다.

② 특정한 상황이나 분위기를 악기로 묘사해 볼 수 있다.

2 활동방법

① 먼저 교사가 피아노의 저음역과 중음역, 고음역에서 자유롭게 소리를 만들고 그 소리들이 어떤 느낌이 드는지 유아들과 이야기를 나누어 본 후 유아들에게 피아노의 저음역과 중음역, 고음역에서 자유롭게 소리를 만들어 보고 그 소리들이 어떤 느낌이 드는지 이야기를 나누어 본다.

② 교사는 유아들의 생활 주변이나 경험과 관련된 다양한 소리들을 유아들로 하여금 피아노에서 만들어 보도록 한다.

- 호랑이 소리 — 저음역에서 힘있게 여러 음을 치는 것이 어울린다.
- 새소리 — 고음역에서 한 음씩 빠르게 움직이는 것이 어울린다.
- 천둥 소리 — 저음역과 중음역에서 여러 음을 단번에 세게 치는 것이 어울린다.
- 유령의 집 — 시끄럽고 정신없이 마구 칠 수도 있고 조용하고 신비롭고 긴장감이 들게 한두 음을 조심스레 칠 수도 있다.

－임혜정(1995) 저 '유아의 음악성계발프로그램' p. 36

## 6. 유아국악교육

### 1) 유아국악교육의 의의

각 민족에게는 고유한 문화가 있다. 문화란 사람들이 환경에 적응해 살아오면서 형성된 독특한 생활양식이다. 음악문화도 마찬가지여서 우리의 고유한 음악인 국악에는 우리민족의 생활방식, 언어의 특질, 독특한 정서 등이 배어 있다. 그러나 일제강점기를 거치면서 우리문화 말살정책과 서양음악의 급속한 유입으로 우리의 민족정서가 담긴 국악은 교육현장에서 소외되어온 것이 사실이다. 국악은 우리내면의 정서가 소리의 질서를 이루어 만들어진 우리고유의 음악어법이다(강혜인, 2002). 그러므로 국악교육은 우리고유의 음악어법을 익히는 길이며 주체적 음악정서를 되찾는 길이다.

어떤 민족이든지 고유한 문화를 소유하고 있고 유아들은 그들의 문화 안에서 교육이 이루어질 때 효과적이다. 그러므로 유아음악교육에 있어서도 국악교육은 중요한 의미를 갖는다. 언어와 마찬가지로 음악에 있어서도 각 민족들은 자신들의 음악언어인 음악적 모국어를 가지고 있다. 우리의 음악적 모국어는 우리의 문화와 정서를 담고 있는 국악이라 할 수 있다. 국악이 가지고 있는 특성은 우리문화에 내재되어 있는 특성과 많은 부분에서 일치하기 때문에 유아들은 거부감 없이 자연스럽게 국악을 받아들이게 될 것이다. 일찍이 헝가리의 음악학자인 코다이는 자국의 민요를 음악학습의 발판으로 삼았고 독일의 음악학자인 오르프 또한 민요를 아동을 위한 중요한 음악교육의 자원으로 보았다.

우리나라의 경우 교육인적자원부는 제 6차 유치원교육과정 개정에 있어서 개정의 중점 중 하나로 '전통문화교육의 충실'을 들었다(교육부, 1998). 또한 교육부 고시 '제6차 유치원교육과정(교육부, 1998)'에 나타난 유아교육과정이 추구하는 인간상을 보면, 전인적 성장의 기반 위에 개성을 추구하는 인간상, 기초능력을 토대로 창의적인 능력을 발휘하는 사람, 우리문화에 대한 이해의 토대 위에 새로운 가치를 창조하는 사람, 민주시민 의식을 기초로 공동체의 발전에 공헌하는 사람으로서, 우리문화를 이해하고 이를 계승 발전시키는 것이 중점 중의 하나임을 알 수 있다.

21세기 세계화 · 정보화 시대에 살아나갈 새로운 가치를 창출해 내기 위해서는 다른 나라에 대하여 이해하고 수용하기에 앞서 유아기부터 우리의 문화를 바르게 이해하고 자긍심을 지니도록 이끄는 것이 필요하다. 그러기 위하여 유아들에게 구체적인 전통문화에 대한 교육내용을 제공하는 것이 중요하다. 그러므로 유아음악교육에 있어서 유아들로 하여금 우리가락에 친숙해지고 관심을 가질 수 있는 경험과 활동을 포함하는 것이 필요하다.

유아국악교육은 유아들에게 우리민족 고유의 음악정서를 체험하게 하여 심신의 조화로운 발달을 돕는 것이다. 유아에게 우리의 장단과 가락을 체험하게 하여 음악적 즐거움을 느끼고 자신의 생각이나 느낌을 자유롭고도 창의적으로 표현하게 하여 유아의 음악적, 정서적 발달에 도움을 주고자 하는 것이다. 이러한 경험은 유아들이 조상의 신명을 느끼고 삶의 지혜를 배우며 나아가 민족의 주체적 정서를 갖춘 건강한 인간으로 성장하는 전인적 발달을 위한 것이라 할 수 있다. 강혜인(2002)은 유아국악교육의 목표를 다음과 같이 제시하였다.

① 국악과 친근한 환경조성으로 국악 친화적 태도를 갖는다.
② 국악의 다양한 영역과 기본요소들을 고르게 경험한다.
③ 국악을 통하여 생각과 느낌을 창의적으로 표현하는 경험을 가진다.
④ 국악을 통하여 우리의 전통문화에 대한 애정과 자긍심을 가진다.

### 2) 지도 방법 및 교사가 고려할 점

유아가 경험할 수 있는 유아국악교육의 내용은 우리가락 부르기로 전래동요, 창작 민속동요, 민요 등이 포함되며 그밖에 국악기 탐색 및 악기다루기, 우리음악 감상하기, 우리 춤으로 표현하기 등이 포함될 수 있다.

우리가락 부르기에 있어서 유아들에게 전래동요, 창작 민속동요, 민요 등의 노래를 소개할 때는 우리의 국악의 특징을 염두에 두어야 한다. 우리음악의 박자는 서양 음악에 비해 그 주기가 5박자, 8박자, 10박자, 12박자 등으로 길어서 박자보다는 선율의 움직임이나 음색의 변화에 주의가 집중되며, 서양 음악의 반주격인 장단이 있어서 노래에 맞는 장단의 느낌을 잘 살려 주어야 국악 특유의 느낌을 전달할 수 있다(김영혜, 1988). 그러므로 우리 가락을 부를 때의 반주는 장구 등의 국악기로 장단을 치거나 국악의 특성을 살린 피아노의 반주가 어울린다. 우리나라 음악은 음 하나하나에 미세한 변화를 주어 음을 흘리거나 떠는 것을 특징으로 하는 음악이기 때문에 서양의 화성이나 서양의 반주법은 어울리지 않는다.

악기다루기에 있어서 장단교육은 국악의 특성을 이해하기 위해서 매우 중요하다. 국악의 특징은 바로 장단에서 가장 잘 나타난다. 한국 전통음악에 있어서 장단은 선율과 함께 음악의 2대 요소가 되며 선율의 아름다움이 장단을 탈 때, 또는 장단의 다양성과 멋이 가락을 동반할 때 비로소 한국 전통음악 특유의 빛을 발한다. 그러므로 장단은 국악을 알고 이해하는데 기초가 되는 것으로 유아들에게 전통음악을 접하게 하는데 있어서 장단을 이해하고 체득하게 하는 것이 중요하다(김미영, 1996). 국악활동에서 장단을 표현하기 위하여 가장 많이 사용되는 악기는 장구이며 장구의 부호는 다음과 같다.

| 구음 | 부호 | 악보 | 명칭 | 치는 방법 |
|---|---|---|---|---|
| 덩 | ⦶ | 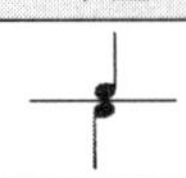 | 합장단 | 북편과 채편을 같이 친다.<br>(손바닥, 궁굴채와 열채를 함께 친다.) |
| 덕 | \| | 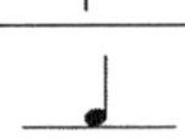 | 채편 | 채편만 친다.<br>(열채로 친다). |
| 쿵 | ○ |  | 북편 | 북편만 친다.<br>(손바닥, 궁굴체로 친다.) |
| 쿡 | ⊙ | 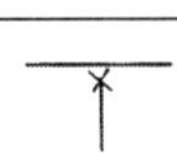 | 북편 | 북편을 손바닥으로 눌러 친다. |
| 기덕 | ¦ |  | 겹채 | 채편을 잔가락으로 두번 친다.<br>(열채를 순간적으로 겹쳐서 친다.) |
| 더러러러 | ⋮ |  | 굴림채 | 채편을 치고 채를 가볍게 3번쯤 튕겨준다.<br>(열채의 반동을 이용하여 구르는 듯 튕겨준다.) |
| 더 | · | 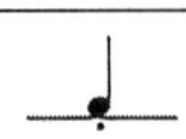 | 찍음채 | 채편을 찍는 듯이 친다.<br>(열채로 찍어 친다) |

국악의 장단은 대개 복합 3박자계로 구성되어 있으며, 그 중 대표적인 장단으로는 진양조, 중모리, 중중모리, 자진모리, 휘모리, 단모리, 엇모리, 굿거리, 세마치장단 등으로 나누고 있다(장사훈, 1995 ; 국립국악원, 1994). 민속악 장단 중 유아에게 비교적 적합한 장단은 세마치장단, 굿거리장단, 자진모리장단으로 여기에 맞추어 유아들이 손뼉치기, 발구르기, 무릎치기 등 신체를 사용함으로써 국악리듬을 이해하도록 도와줄 수 있다(교육부, 1998).

우리음악 감상에 있어서 유아들에게는 유아들의 일상과 관계가 깊은 전래동요로부터 접근하는 것이 용이하며, 감상활동은 오디오 자료 보다는 보고 들을 수 있는 시청각 자료가 좋고 시청각 자료 보다는 실제 연주하는 공연을 볼 수 있는 기회를 갖는 것이 더욱 효과적이다.

우리음악을 통한 동작으로 표현하기는 우리음악에 따라 우리의 춤을 표현해 보는 활동으로 탈춤이나 한삼을 이용한 우리 춤, 소고나 장구 등을 치면서 동작 표현을 해보는 활동을 비롯하여 최근 보급되고 있는 유아를 위한 우리체조는 우리의 춤동작을 이용한 동작활동의 좋은 자료이다.

우리나라 유아교육기관의 현실을 볼 때 과거에 비하여 국악교육에 대한 인식이 점차 높아지고 있기는 하나 아직 매우 미흡한 것이 사실이다. 이는 교사의 국악교육에 대한 인식과 교수능력의 부족으로 비롯되었다고 보여진다. 유아국악교육은 전적으로 교사의 국악체험을 바탕으로 이루어진다. 그러므로 교사가 국악의 중요성을 인식하고 우리음악을 부지런히 배우고 익힌다면 유아교육 현장에서 국악 활동은 좀더 활성화될 수 있을 것이다.

### 3) 국악 활동의 실제

## 사물놀이 감상

1 목표

① 우리나라의 전통음악을 듣고 즐긴다.

② 전통음악을 연주하는 데 사용되는 우리나라 고유악기를 자유롭게 다룬다.

2 교육과정 관련 요소

표현 생활 — 감상 : 음악 감상하기

사회 생활 — 개인 생활 : 전통 예술에 친숙해지기

3 준비물

감상용 음악 테이프(각 악기의 소리, 사물놀이 연주 음악), 사물놀이에 관련된 책이나 그림 자료, 실물 자료

4 활동방법

① 그림 자료(징, 꽹가리, 장구, 북)나 실물 자료를 보며 이야기 나눈다.
- → 이런 악기들을 본 적 있니?
- → 어디에서 이런 악기들을 볼 수 있었니?
- → 무엇으로 만들었을까?
- → 어떻게 소리를 내는 걸까?

② 각 악기의 형태를 탐색하고 악기의 이름을 알아본다.

③ 다양한 방법으로 소리를 내며 탐색해 본다.

④ 음악 테이프를 들으면서 각각의 악기 소리와 사물놀이 연주곡을 감상해 본다.

⑤ 감상 후 느낌을 이야기해 본다.

5 확장활동

① II 수준 유아의 경우, 실외 놀이에서 직접 사물놀이를 연주해 볼 수 있도록 돗자리, 악기, 의상 등을 준비하여 사물놀이 영역을 마련해 줄 수 있다.

② 지역사회의 사물 놀이패를 초청하거나, 관련 장소를 견학할 수 있다.

—교육부 '유치원교육활동 자료집' 제10권, p. 134

# 부 록

1. 연령별 동요지도의 실제
2. 창작 유아동요

# 1. 연령별 동요지도의 실제

## 1) 3세를 위한 동요

### 코코코코

＊ 곡의 특징

전통적인 유아들의 놀이인 '코코코코'를 선율화한 것으로 어린 연령의 유아들이 노래를 부르며 놀이를 즐길 수 있는 곡이다.

(1) 목 표

① 즐겁고 신나게 노래를 부른다.
② 노래말에 따라 어울리는 동작을 창의적으로 표현하여 본다.
③ 노래를 느리게 혹은 빠르게 불러보고 속도변화에 따른 느낌을 느껴 본다.

(2) 자 료

노래말에 제시된 신체부분(눈, 귀, 코, 머리, 이마, 턱)이 잘 나타난 전신 그림 자료

(3) 활동방법

① 그림 자료를 보면서 신체 각 부분의 명칭을 말해 보고 교사와 함께 '코코코코' 놀이를 하며 각 부분의 위치와 이름을 안다.
② 처음에는 조금 느린 속도로 노래부르며 가사에 맞는 신체부위를 손가락으로 가리켜 본다.
③ 익숙하여지면 조금 빠르게 노래부르며 빠른 리듬에 맞춰 민첩하게 동작하

며 즐거움을 느껴 본다.

④ 적당한 빠르기로 노래부르며 옆 친구와 짝이 되어 옆 친구의 신체부분을 가리켜 본다. 이때 지나친 장난으로 치우치지 않도록 남아는 여아와 짝하도록 하는 것이 좋다.

⑤ 노래말의 '코코코코' 부분은 유아가 노래하고 신체부분의 명칭이 들어가는 부분은 교사가 즉흥으로 말을 넣어 부르고 유아들이 그 부분을 가리켜 보도록 하면 더욱 흥미롭게 놀이할 수 있다.

(4) 확장활동

노래말의 '코코코코' 부분을 '손'이나 '머리' 등 다른 말을 넣어서 노래할 수 있다.

## 코 코 코 코

임혜정 시
임혜정 곡

# 우리 가족

### * 곡의 특징

동기의 선율패턴과 리듬형, 노래말이 여러 번 반복되며 음역이 좁고 길이가 짧아 어린 연령의 유아가 쉽게 익힐 수 있는 매우 단순한 곡이다.

### (1) 목 표

① 즐거운 마음으로 노래 부른다.
② 가족 구성원을 알고 가족을 사랑하는 마음을 가진다.

### (2) 자 료

가족 구성원이 될 수 있는 인물의 그림이나 사진자료 (예 : 할아버지, 할머니, 아빠, 엄마, 형, 언니, 누나, 동생 등)

### (3) 활동방법

① 각각 자기 가족 구성원에 대하여 이야기를 하여 본다.
② 가족이 나에게 얼마나 좋은 존재인지 느껴 본다.
③ 노래말에 1절은 '엄마'를, 2절은 '아빠'를 넣어 불러 보고 같은 방법으로 형이나 누나, 언니, 오빠 등을 넣어서 노래 불러 본다.
④ 박자감을 익히기 위하여 손뼉으로 장단을 치거나 두 박자 단위로 고개를 좌우로 흔들면서 장단에 맞춰 노래 불러 본다.
⑤ 가족 대신 '선생님'이나 '좋아하는 친구'의 이름을 넣어서 불러 본다.
⑥ 노래 마지막의 스타카토 부분은 짧게 끊어서 좀더 경쾌한 느낌으로 불러 본다.

# 우리 가족

임혜정 시
임혜정 곡

*○○의 가사에 1. 엄마 2. 아빠 3. 언니

# 원더풀 코리아

* 곡의 특징

점음표로 된 음형의 반복으로 어린 연령의 유아가 노래를 익히기 쉬우며 쉼표부분에서 손뼉으로 장단을 받아가는 형식이 흥겨움을 더해 주는 곡이다.

(1) 목 표

① 즐겁고 신나게 노래를 부른다.
② 손뼉치기, 무릎치기 등을 이용하여 박자감각을 발달시킨다.
③ 우리나라의 자랑스러운 섬을 알고 나라 사랑하는 마음을 기른다.

(2) 자 료

우리나라의 자연과 우리나라 국민들의 긍정적인 생활상을 담은 영상자료나 사진 자료(예 : TV에서 애국가를 방영할 때 방영되는 영상물 등)

(3) 활동방법

① 우리나라의 자연을 담은 영상물이나 사진을 보면서 노래말에서 다루고 있는 내용을 포함하여 우리나라의 자랑거리를 이야기 나누어 본다.
② 먼저 교사가 노래말을 리듬에 맞춰 읽으면 손뼉치는 부분에서 유아가 손뼉을 치면서 리듬과 노래말을 익힌다.
③ 유아도 ②와 같은 방법으로 리듬과 노래말을 익힌다.
④ 점음표로 된 리듬에 주의하며 익숙하게 되도록 노래 불러 본다. 손뼉치는 부분 바로 앞 음은 산듯하게 끊고 손뼉 장단이 이어받는다.
⑤ 손뼉치는 부분을 무릎이나 발 구르기 등으로 바꾸어서 노래 불러 본다.

(4) 확장활동

노래를 부르며 나라 사랑하는 마음으로 우리나라의 국기나 꽃인 무궁화를 그려 본다.

## 원더풀 코리아

임혜정 시
임혜정 곡

# 나는 누구일까요?

## * 곡의 특징

동물의 생김새에 관한 설명에 따라 동물이름을 알아맞춰 보는 놀이를 위한 곡으로 교사와 유아가 묻고 대답하는 형식의 곡이다.

### (1) 목 표

① 동물의 모양과 이름을 알고 노래를 통하여 그 동물에 어울리는 느낌을 표현해 본다.
② 노래말에 따라 어울리는 동작을 창의적으로 표현하여 본다.
③ 자신의 목소리를 다양한 방법으로 조절하면서 즐겁게 노래 부른다.

### (2) 자 료

여러 가지 동물 사진이나 그림 자료

### (3) 활동방법

① 교사가 어떤 동물의 생김새를 설명하면 유아가 그 동물이름을 맞추는 게임을 한다. 교사는 오늘 배울 노래의 노래말에 등장하는 동물에 대해서 노래말의 내용을 인용하여 문제를 내고 유아가 동물이름을 말해 보도록 한다.
② 여러 가지 동물의 생김새에 대하여 이야기 나누어 보고 몸으로 동물의 특징을 묘사해 보도록 한다.
③ 노래의 전반부 4마디를 교사가 노래부르면 유아는 나머지 4마디 가락으로 대답하며 노래를 주고 받는다. 이때 교사는 각각의 동물을 노래로 설명할 때 그 동물의 이미지에 어울리도록 목소리 색깔을 바꾸어 가며 노래 불러 본다.

④ 노래의 묻는 부분과 대답하는 부분을 교사와 유아가 바꾸어 노래 불러 본다. 이때 유아도 역시 각각의 동물을 노래로 설명할 때 그 동물의 이미지에 어울리도록 목소리 색깔을 바꾸어 가며 노래 불러 본다(예 : 코끼리－크고 굵은 목소리, 토끼－귀엽고 발랄하고 가벼운 소리).

⑤ 몸으로 동물의 특징을 묘사해 보면서 노래 부른다.

(4) 확장활동

① 여러 가지 동물 그림을 그리거나 색칠놀이하며 동물의 특징을 알아본다.

## 나는 누구일까요

임혜정 시
임혜정 곡

# 하하하 호호호

＊ 곡의 특징

셈여림 기호에 따라 자신의 목소리를 조절하여 셈여림을 표현해 봄으로써 셈여림의 개념을 익히기 위한 곡이다.

(1) 목 표

① 셈여림의 개념을 이해하고 노래를 통하여 셈여림을 표현해 본다.
② 자신의 목소리를 다양한 방법으로 조절하면서 즐겁게 노래 부른다.

(2) 자 료

p와 f가 그려진 작은 카드나 피켓. ⓟ ⓕ 피켓은 나무젓가락 끝에 두꺼운 도화지를 둥글게 잘라 맞붙여 만든다.

(3) 활동방법

① 먼저 p와 f가 그려진 작은 카드나 피켓을 이용하여 기호에 따라 p는 여리게, f는 세게 표현하도록 하고, 기호에 따라 세거나 여리게 '아'로 소리 내본다.
② 위와 같은 방법으로 교사가 제시하는 기호에 따라 세게 혹은 여리게 웃어본다.
③ 조금 느리게 노래 불러 보고 '하하하하 호호호호' 부분에서는 교사가 제시하는 기호에 따라 세게 혹은 여리게 노래해 본다.
④ 셈여림에 대한 개념 이해를 위하여 손동작을 함께 해본다. 센 부분은 두 손으로 큰 공을 쥔 듯이 동작을 크게 표현하고 여린 부분은 작은 공을 쥔 듯이 작게 표현하면서 노래 불러 본다.
⑤ 교사가 '하하하하 호호호호' 부분에서 제시했던 피켓을 이번에는 원하는

유아가 앞에 나와 제시하고 나머지 유아는 이에 맞춰 노래 불러 본다.

(4) 확장활동

실제로 유아들의 힘으로 셈여림 기호 피켓을 만들 수 있도록 필요한 재료를 제시하고, 유아들이 제작한 피켓을 들고 자신이 제시하는 기호에 맞게 셈여림 표현을 하며 노래 불러 보도록 한다.

## 하하하 호호호

임혜정 시
임혜정 곡

＊셈 여림 표현을 위한 노래

### 2) 4세를 위한 동요

## 봄 비

* 곡의 특징

짧은 가락에 의태어를 말로 표현하는 부분을 포함하고 있어서 유아의 흥미를 더 할 수 있는 곡이다.

(1) 목 표

① 새싹이 돋는 봄날의 아름다움을 느끼며 노래 불러 본다.
② 새싹이 돋아나는 모습과 꽃들이 피어있는 모습, 개구리들이 노래하는 모습을 연상해 보고 이를 의태어로 실감나게 표현해 본다.
③ 즐거운 마음으로 노래 부른다.
④ 자신의 목소리를 다양한 방법으로 조절하면서 즐겁게 노래 부른다.

(2) 자 료

봄의 자연현상을 알리는 여러 가지 사진, 새싹이 움트는 것이나 꽃들이 피어나는 과정을 촬영한 영상물

(3) 활동방법

① 봄날에 새싹이 돋고 꽃이 피는 광경, 개구리 울음 등과 관련한 사진이나 영상물을 보고 유아의 체험에 관한 이야기와 더불어 이러한 봄날의 현상에 대하여 이야기 나눈다(이 곡을 다루기에 앞서 실외활동을 통하여 새싹이 돋는 것이나 꽃망울이 맺힌 것 등을 관찰하는 시간을 가지면 더욱 효과적이다).
② 노래말을 천천히 시를 읊듯이 읽어 보며 그 광경을 상상하여 본다.

이때 의태어 부분은 느낌에 따라 실감나게 표현해 본다.

③ 느린 6/8박자의 흐름(큰 두 박)을 몸으로 느끼며 사랑스럽고 부드럽게 노래불러 본다. 박자감을 가지기 위하여 상체를 박자에 맞춰 부드럽게 좌우로 약간씩 움직이면서 노래부르도록 한다.

④ 곡의 느낌에 대하여 이야기 나누어 본다.

⑤ 의태어 부분을 창의적으로 각각 다르게 표현하여 본다.

#### (4) 확장활동

실외로 나가서 새싹과 꽃들을 관찰하고 그림으로 표현하여 본다.

## 봄 비

임혜정 시
임혜정 곡

## 무엇일까요?

### * 곡의 특징

묻고 대답하는 형식으로 마치 수수께끼 놀이를 하는 듯한 형식의 곡으로 유아의 흥미를 유발할 수 있는 곡이다.

### (1) 목표

① 과일의 생김새와 이름을 알고 노래를 통하여 묻고 대답할 수 있다.
② 정확한 박자감을 가지고 간주 부분의 박자를 놓치지 않는다.
③ 놀이의 규칙을 잘 이해하여 지키고 협동하여 놀이를 즐긴다.

### (2) 자　료

여러 가지 과일의 겉과 속 생김새를 알 수 있는 그림 자료나 과일 실물, 특히 노래말에 등장하는 귤이나 수박, 포도 등

### (3) 활동방법

① 여러 가지 과일의 겉과 속의 생김새에 대하여 이야기 나눈다(모양, 색깔, 맛, 크기, 속의 색깔, 씨의 모양 등).
② 여러 가지 과일 알아맞히기 게임을 해본다. 교사가 과일의 생김새와 특징을 이야기하면 유아가 과일의 이름을 댄다.
③ 노래를 불러 주고 노래에서 묻는 과일의 이름 부분은 유아가 노래하도록 해 본다.
④ 전체를 함께 익숙하도록 불러 보고 묻는 부분과 대답하는 부분을 교사와 유아가 번갈아 노래해 본다.
⑤ 묻고 대답하는 사이의 간주 부분 4박자를 손뼉이나 고개 등을 이용하여 박자를 세고 정확하게 그 다음으로 연결하도록 한다.

(4) 확장활동

① 여러 가지 과일 그림을 보고 이름을 말해 보기 놀이를 한다.

② 여러 가지 과일의 모양을 그려 본다.

## 무엇일까요

이은영 시
임혜정 곡

# 악기놀이

*곡의 특징

노래를 통하여 자연스럽게 점점 세게와 점점 여리게의 개념을 익힐 수 있는 곡이다.

(1) 목 표

① 셈여림의 개념을 이해하고 노래를 통하여 셈여림을 표현해 본다.
② 점점 세게와 점점 여리게의 개념을 이해하고 노래를 통하여 표현하여 본다.
③ 노래말에 따라 어울리는 동작을 창의적으로 표현하여 본다.
④ 자신의 목소리를 다양한 방법으로 조절하면서 즐겁게 노래 부른다.

(2) 자 료

점점 세게와 점점 여리게 기호가 그려진 카드

(3) 활동방법

① 점점 세게와 점점 여리게 기호가 그려진 카드를 보면서 점점 세게는 조금씩 소리가 커지는 것이며 점점 여리게는 조금씩 소리가 작아지는 것임을 이해 시킨다.
② 우리 주변에서 나는 소리 중 점점 세게와 점점 여리게를 나타내 주는 소리는 어떤 것이 있는지 예를 들어 주며 점점 세게와 점점 여리게를 설명한다(예 : 기차가 우리 앞을 지나가는 소리).
③ '아'로 소리 내면서 교사가 제시하는 카드의 기호를 보며 점점 세게와 점점 여리게를 표현하여 본다.
④ 노래를 부르며 노래말의 점점 세게 부분과 점점 여리게 부분을 바르게 표현해 보도록 한다.

⑤ 노래말의 점점 세게 부분에서는 양손을 모은 상태에서 점점 바깥쪽(양옆)으로 벌리면서 노래하고 점점 여리게 부분에서는 양손을 양옆으로 벌린 상태에서 점점 안쪽으로 모으면서 노래부르도록 한다.

(4) 확장활동

점점 세게와 점점 여리게 기호 카드를 만들고 기호를 제시하며 다양한 노래를 불러 본다.

## 악기놀이

임혜정 시
임혜정 곡

## 물건세기

* 곡의 특징

노래를 통하여 물건을 세는 방법을 자연스럽게 터득하도록 한 곡으로 반복적인 가락으로 되어 있어 어린 연령의 유아도 쉽게 배울 수 있는 곡이다.

(1) 목 표

① 즐겁고 신나게 노래를 부른다.
② 물건에 따라 세는 방법이 다름을 안다.
③ 정확한 음정과 리듬으로 노래를 부를 수 있다.

(2) 자 료

서로 세는 방법이 다른 여러 가지 물건의 실물이나 그림카드(예 : 사과, 연필, 종이, 신발, 동물, 책, 두부, 배추, 집 등)

(3) 활동방법

① 여러 가지 물건 그림(혹은 실물)을 보고 어떻게 세는지에 대하여 말해 본다.
② 물건에 따라 세는 방법이 서로 다르다는 것을 알도록 한다.
③ 반복되는 가락으로 되어 있는 부분의 한 소절을 유아와 함께 익힌 후 교사가 앞부분을 노래부르며 어떤 물건을 제시하면 유아가 세는 법을 노래로 대답하여 본다.
④ 교사가 다양한 방법으로 노래말을 바꾸어 가며 묻고 유아가 세는 법에 맞게 노래해 보도록 한다.
⑤ 순차진행으로 되어 있는 가락의 음정을 정확하게 인식하면서 노래하도록 한다.

이를 위하여 음이 상행할 때마다 손동작으로 조금씩 높아지고 하행할 때마다 조금씩 낮아지면서 노래하도록 해본다.

(4) 확장활동

여러 가지 사물의 그림을 주고 세는 법이 어떻게 다른지 바른 방법으로 세어 보도록 한다.

## 물건세기

임혜정 시
임혜정 곡

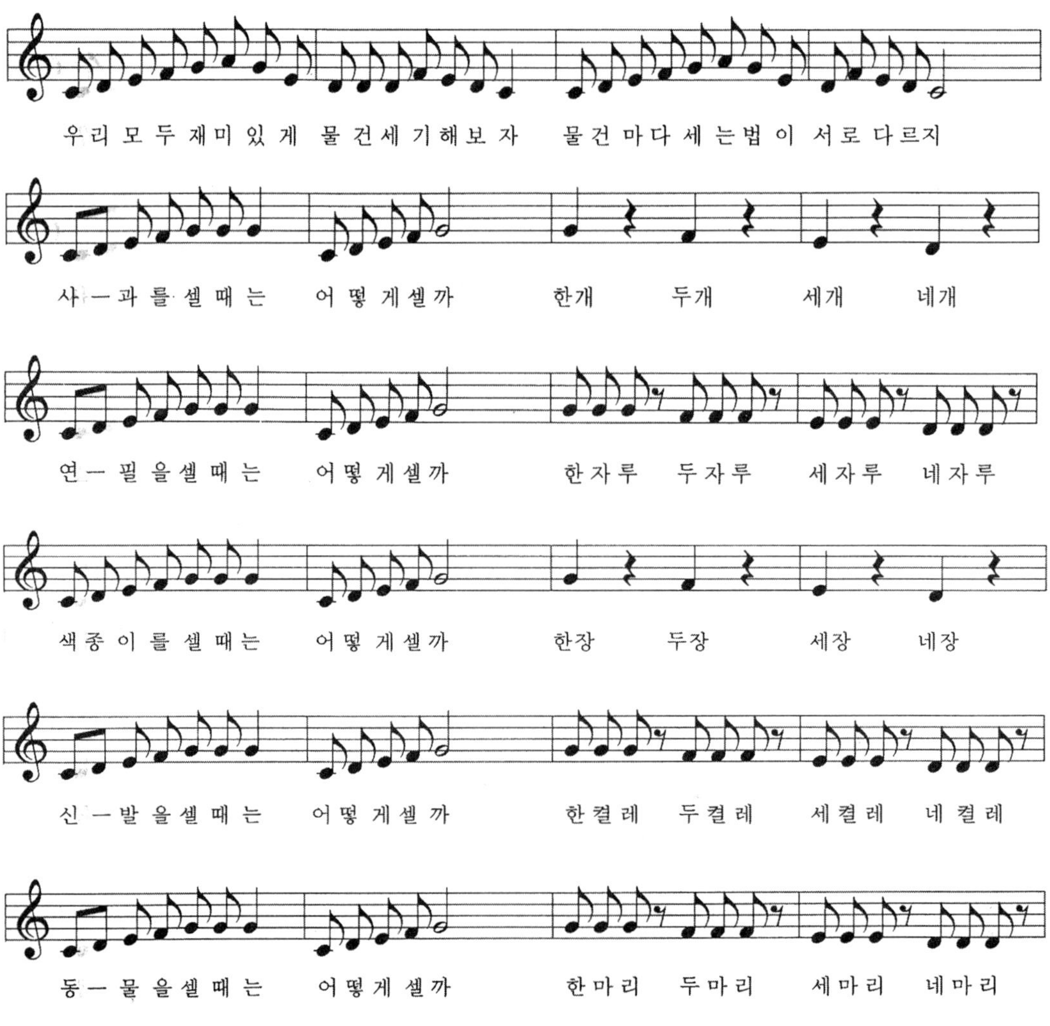

그 림 책 을 셀 때 는 어 떻 게 셀 까 한 권 두 권 세 권 네 권
O 一 O 을 셀 때 는 어 떻 게 셀 까 O O
O O 아 이 참 재 미 있 다

# 똑똑똑

## * 곡의 특징

노래를 통하여 자연스럽게 다양한 셈여림의 개념을 익힐 수 있는 곡이다.

### (1) 목 표

① 셈여림 기호의 종류를 알고 기호에 따른 셈여림의 차이를 이해한다.
② 즐거운 마음으로 노래 부른다.
③ 셈여림의 개념을 이해하고 노래를 통하여 셈여림을 표현해 본다.

### (2) 자 료

mp, p, mf, f 기호가 그려진 그림 카드. 유아의 이해를 돕기 위하여 각각의 기호에 대하여 상대적인 세기의 변화를 그림으로 표현하여도 좋다. 예를 들면, 노래말에 제시된 것처럼 p는 아가가 자고 있을 때 방문을 두드리는 모습, mp는 공중 화장실에 들어갈 때의 모습, mf는 현관문을 두드릴 때의 모습, f는 집안에서 엄마가 자고 있으므로 현관문을 여러 번 세게 쾅쾅치는 모습 등으로 표현할 수 있다.

### (3) 활동방법

① mp, p, mf, f 기호가 그려진 그림 카드 혹은 이에 어울리는 모습을 그린 카드를 제시하면서 서로 세기가 다르게 소리내야하는 상황들에 대하여 이야기 나눈다.
② 기호 혹은 상황이 그려진 그림을 보면서 서로 세기가 다르게 조절하여 소리를 내보거나 테이블을 '똑똑똑' 노크하듯이 쳐보도록 한다.
③ 노래를 부르며 노래말이 제시하는 상황에 맞는 소리의 세기를 이해하고 알맞게 테이블을 두드려 보도록 한다.

④ 테이블을 두드리는 것 뿐 아니라 노래할 때 자신의 목소리도 조절하여 기호에 알맞게 소리 내 보도록 한다.

(4) 확장활동

### 똑똑똑

임혜정 시
임혜정 곡

### 3) 5세를 위한 동요

## 동물놀이

＊ 곡의 특징

동물 역할을 해보면서 동물의 특징에 어울리는 다양한 음색 표현을 위한 곡이다.

(1) 목 표

① 동물의 모양과 이름을 알고 노래를 통하여 그 동물에 어울리는 느낌을 표현해 본다.
② 놀이의 규칙을 잘 이해하여 지키고 협동하여 놀이를 즐긴다.
③ 음악에 맞춰 몸을 다양하게 움직이며 박자감을 기른다.
④ 동물을 사랑하는 마음을 갖는다.
⑤ 자신의 목소리를 다양한 방법으로 조절하면서 즐겁게 노래 부른다.

(2) 자 료

노래말에 해당되는 동물의 사진이나 그림 자료, 노래말에 해당되는 동물의 모습을 표현한 헤어밴드(두꺼운 도화지에 동물의 모습을 그리고 양옆에 두꺼운 종이로 띠를 만들어 유아의 머리에 씌울 정도의 크기가 되도록 양끝을 맞붙인다).

(3) 활동방법

① 노래말에 나오는 동물의 사진이나 그림을 보면서 동물의 생김새에 대하여 이야기 나눈다. 주로 몸집이나 분위기에 대하여 말하고 그 동물의 이미지에 맞는 목소리로 말해 보도록 한다.

② 점음표로 된 리듬에 유의하여 가락을 익힌다.

③ 노래를 통한 놀이이므로 놀이의 규칙을 설명한다.

④ 노래 속에서 교사가 한 동물을 부르면 그 동물의 역할을 맡은 유아는 미리 동물 헤어밴드를 쓰고 있다가 그 동물의 몸집에 어울리는 목소리로 노래하고 동작하며 박자에 맞추어 앞으로 걸어 나오도록 한다.

⑤ 서로 역할을 바꾸어 가면서 놀이를 즐긴다.

### (4) 확장활동

여러 가지 동물의 생김새와 동물의 울음소리를 관찰할 수 있는 기회를 마련한다. 영상자료 시청 및 동물원 견학 등

## 동물놀이

임혜정 시
임혜정 곡

# 음계놀이

* 곡의 특징

노래를 통하여 음계의 구조를 이해하고 음계를 익히기 위한 곡이다.

(1) 목 표

① 음의 높낮이에 따라 신체표현을 하면서 음의 높낮이를 구별할 수 있다.
② 음계를 이해한다.
③ 음계를 정확하게 노래할 수 있다.
④ 놀이의 규칙을 잘 이해하고 즐겁게 노래한다.

(2) 자 료

음계를 이해하기 위한 음 계단 그림자료(계단의 각 칸마다 한 음씩 계이름을 적어 넣은 그림자료)

(3) 활동방법

① 음 계단 그림자료를 보면서 음 계단은 어떻게 차례로 오르고 내리는지 살펴본다.
② 유아들과 함께 음 계단을 차례로 오르고 내리며 계이름을 읽어 본다.
③ 노래에 맞추어 음 계단을 오르고 내린다.
④ 음계가 올라갈 때는 몸을 앉은 자세에서부터 조금씩 일어서면서 키를 키워 음이 높아지는 것을 표현해 보고 내려올 때는 반대로 표현하여 본다.
⑤ 음계가 올라갈 때는 손을 낮은 위치에서부터 조금씩 위로 들어 주어 음이 높아지는 것을 표현해 보고 내려올 때는 반대로 표현하여 본다.

### (4) 확장활동

① 실내 바닥에 색테이프 등으로 붙여 음계를 만들어 주고 유아들이 각 음을 발로 밟으며 오르고 내리는 놀이를 하도록 한다.

② 실로폰이나 멜로디온, 피아노 등을 이용하여 음을 차례로 한 음씩 올라가며 짚어보고 또한 내려가며 짚어보아 소리를 탐색하도록 한다.

## 음계놀이

임혜정 시
임혜정 곡

# 오 월

* 곡의 특징

4분 음표와 8분 음표 중심의 단순한 리듬형과 순차진행으로 구성되어 부르기 쉽고 경쾌한 곡이다.

(1) 목 표

① 즐거운 마음으로 노래 부른다.
② 정확한 음정과 리듬으로 노래를 부를 수 있다.
③ 자연에 관심을 가진다.

(2) 자 료

노래말에 어울리도록 파란 하늘, 파란 산, 파란 바다, 파란 들, 파란 나뭇잎, 파란 새의 그림카드

(3) 활동방법

① 오월의 자연에 대하여 이야기해 보고 특히 노래말에 나타난 자연의 푸르름에 대하여 그림자료를 보면서 이야기 나눈다.
② 시를 읊듯이 운율에 맞춰 노래말을 읽어 본다.
③ 고개, 손뼉 등을 이용하여 박자를 느끼며 가락을 들어 본다.
④ 처음에는 노래말을 생각하면서 조금 느리게 노래불러 본다.
⑤ 익숙해지면 조금 빠르게 노래불러 본다.
⑥ 유아들이 노래말에 해당되는 그림 카드를 각각 들고 노래 중 해당되는 그림의 부분에서 자신의 카드를 높이 들어 보이며 즐겁게 노래 불러 본다.

### (4) 확장활동

실외놀이시 오월의 나뭇잎과 산, 하늘 등을 관찰한다.

## 오 월

미 상
임혜정 곡

# 리듬읽기

* 곡의 특징

노래를 통하여 여러 가지 리듬치기 놀이를 함으로 리듬감을 기르기 위한 곡이다.

(1) 목 표

① 2분 음표, 4분 음표, 8분 음표로 된 여러 가지 리듬형을 듣고 바르게 표현할 수 있다.
② 2분 음표, 4분 음표, 8분 음표로 된 여러 가지 리듬형을 듣고 구분할 수 있다.
③ 리듬 읽기의 요령을 터득하여 정확하게 표현할 수 있다.

(2) 자 료

노래말에 나타난 2분 음표, 4분 음표, 8분 음표로 된 여러 가지 리듬카드

(3) 활동방법

① 여러 가지 리듬카드를 이용하여 과일이름을 넣어 리듬읽기를 해 보고 손뼉으로 리듬치기를 하여 본다. 교사가 리듬을 읽으며 손뼉으로 리듬치기를 하면 유아가 그대로 따라 쳐본다.
② 노래에 맞춰 위와 같은 방법으로 리듬읽기를 해 본다.

(4) 확장활동

노래말에 나타나지 않은 여러 가지 리듬형이 제시된 카드를 주고, 읽고 손뼉쳐 보도록 한다.

# 리듬읽기

임혜정 시
임혜정 곡

# 김 치

* 곡의 특징

김치를 담그는 과정을 재미있게 표현한 곡이다.

(1) 목 표

① 즐거운 마음으로 노래 부른다.
② 노래말의 내용에 어울리는 느낌을 가지고 노래 부른다.
③ 우리나라 고유의 음식인 김치 담그는 과정을 대략적으로 안다.

(2) 자 료

다양한 김치 사진자료, 김치의 재료인 배추, 파, 마늘, 생강 등의 사진자료

(3) 활동방법

① 김치를 만들기에 필요한 재료에 대하여 자료를 보면서 이야기 나눈다.
② 김치 담그는 과정을 대략적으로 설명한다.
③ 노래를 여러 번 불러 익힌다. 특히 리듬이 많이 분할되는 부분에서는 너무 빠르지 않도록 주의한다.
④ 노래말에서 '이젠 모두 지쳐'의 부분은 조금 느리며 힘이 빠진 듯이 축 늘어진 느낌으로 표현해 본다.
⑤ 노래말에서 '하하하하' 부분은 다시 생기 있게 부른다.

(4) 확장활동

① 다양한 김치의 종류를 사진자료로 관찰한다.
② 김치 담그기 과정을 소개한 영상자료를 시청한다.

# 김 치

이창민 시
임혜정 곡

배 추 가 파 란 옷 을 벗 고 빨 간 옷 을 입 었 어 요
파 마 늘 생 강 소 금 친 구 들 이 함 께 놀 자 고 찾 아 왔 어 요
우 리 들 은 신 이 나 서 마 구 뛰 어 놀 았 어 요 이 리 뒹 굴 저 리 뒹 굴 정 신 없 이 굴 렀 지 요
조금 느리게
이 젠 모 두 지 쳐 식 탁 위 에 접 시 에 서 쉬 고 있 어 요
생기있게, 빠르게
하 하 하 하 하 하 하 하 맛 ㅡ 좋 은 김 치 가 됐 네

## 2. 창작 유아동요

### 1) 일반동요

3세( ✓) 4세( ✓) 5( ✓)세

**소풍가는 길**

황현진 시
임혜정 곡

3세(( ✓) 4세(( ✓)) 5세(   )

# 엄 마 손

임혜정 시
임혜정 곡

나 를사랑하 는 엄마아빠의 사랑이
내게묻어나는건ㅡ가 봐 요 ㅡ

3세( ) 4세( ) 5세( ✓)

## 잠이들면

김진희 시
임혜정 곡

(간 주)
하 늘을 날으는 슈 ー 퍼 맨
우 ー ー 우 ーー
난 매 일 매 일 눈 감 고
재 미 있 는 동 화 속 결 ー 어 가 지 요 ー

3세(  ) 4세(  ) 5세( ✓)

# 우 리 집

임혜정 시
임혜정 곡

아 름 다 운 집 엄마아빠는 우리 의눈빛먹고
사시고 우리 는— 엄마아빠사랑먹고 살지요
그러 나그러 나 그것만으론 안 되지 요
사랑 많은 예수 님이 돌보아주셔야지 요
예 수님 섬 기며 감 사하며살래요

3세( ✓) 4세( ✓) 5세( ✓)

# 내가 먼저

임혜정 시
임혜정 곡

3세( ✓) 4세( ✓) 5세( ✓)

# 안 녕

임혜정 시
임혜정 곡

3세( ✓) 4세( ✓) 5세( ✓)

# 씩씩한 어린이

임혜정 시
임혜정 곡

3세( ) 4세(✓) 5세(✓)

## 예절바른 어린이

임혜정 시
임혜정 곡

3세( ✓) 4세(  ) 5세(  )

# 한 가지만 고치래요

임혜정 시
임혜정 곡

3세( ✓) 4세( ✓) 5세( v )

# 기분이 좋아요

임혜정 시
임혜정 곡

3세( ✓) 4세( ✓) 5세( ✓)

## 아침 일찍 일어나

임혜정 시
임혜정 곡

3세( ) 4세( ) 5세( ✓)

## 하늘같이 살자

임혜정 시
임혜정 곡

우리도하늘처ㅡ 럼 넓 은마음으로 살 ㅡ 자
모 두모 두 사랑하며ㅡ 하늘같이살ㅡ아가 자

3세( ) 4세( ✓ ) 5세( ✓ )

# 나 의 꿈

임혜정 시
임혜정 곡

＊○○부분은 각각 어울리는 직업을 넣어 부른다.

3세(  ) 4세(  ) 5세( ✓)

# 고미안 노래

임혜정 시
임혜정 곡

3세( ✓) 4세( ✓) 5세( ✓)

# 첫 인 사

임혜정 시
임혜정 곡

* 유아 그룹에 따라서 (유아 1), (유아 2) 부분을 여러 번 반복할 수 있다.

3세( ✓) 4세( ✓) 5세( ✓)

# 봄 비

임혜정 시
임혜정 곡

3세( ✓) 4세( ✓) 5세( ✓)

# 우리 다시 만나서

임혜정 시
임혜정 곡

3세(  ) 4세( ✓) 5세( ✓)

# 줄을 서서 차례로

임혜정 시
임혜정 곡

3세(  ) 4세( ✓) 5세( ✓)

# 맛있는 과일들

임혜정 시
임혜정 곡

단 풍 잎 이 곱 게 곱 게 물 — 든 — 가 을 엔
빨 — 갛 고 동 그 란 사 과 가 달 콤 달 콤 —
흰 눈 이 내 — 리 는 추 운 겨 — 울 에 는
노 랑 옷 을 입 — 은 귤 이 달 콤 달 콤 —

3세( ✓) 4세( ✓) 5세( ✓)

# 개구리 음악회

임석재 시
임혜정 곡

3세(　) 4세( ✓) 5세( ✓)

# 봄

임혜정 시
임혜정 곡

3세( ) 4세(✓) 5세(✓)

# 숲속의 곰 아저씨

작자 미상
임혜정 곡

3세( ✓) 4세( ✓) 5세( ✓)

## 바다와 하늘은 똑같아요

작자 미상
임혜정 곡

조금느리고 정답게

바 다는슬퍼서 파—도를쳐—요 그러나
바 다 와 하 늘 이 닿는곳에가—면
바 다와하늘은 한—몸—이예요

3세( ) 4세(✓) 5세(✓)

# 나무를 심자

윤석중 시
임혜정 곡

3세( ) 4세( ) 5세( ✓)

# 무 지 개

오명자 시
임혜정 곡

파 란 색 은 높 은 하 늘 남 색은 깊은바 다
보 라 색 은 예 쁜 우리아기머 리핀 —
예 쁜 색 깔 모 — 여서 — 즐겁게얘기 해 요
예 쁜 색 깔 모 — 여서 — 즐겁게얘기 해 요

3세( ✓) 4세( ✓) 5세( ✓)

# 병원 놀이

임혜정 시
임혜정 곡

## 2) 민속 동요

3세(　) 4세(✓) 5세(✓)

### 소풍가자

임석재 시
임혜정 곡

조금느리고 흥겹게

3세( ✓) 4세( ✓) 5세( ✓)

# 동무 동무

임석재 시
임혜정 곡

3세(　) 4세( ✓) 5세( ✓)

# 추석명절 다가오니

임석재 시
임혜정 곡

흥겹게

3세( ✓) 4세( ✓) 5세( ✓)

# 꼬 부 랑

임석재 시
임혜정 곡

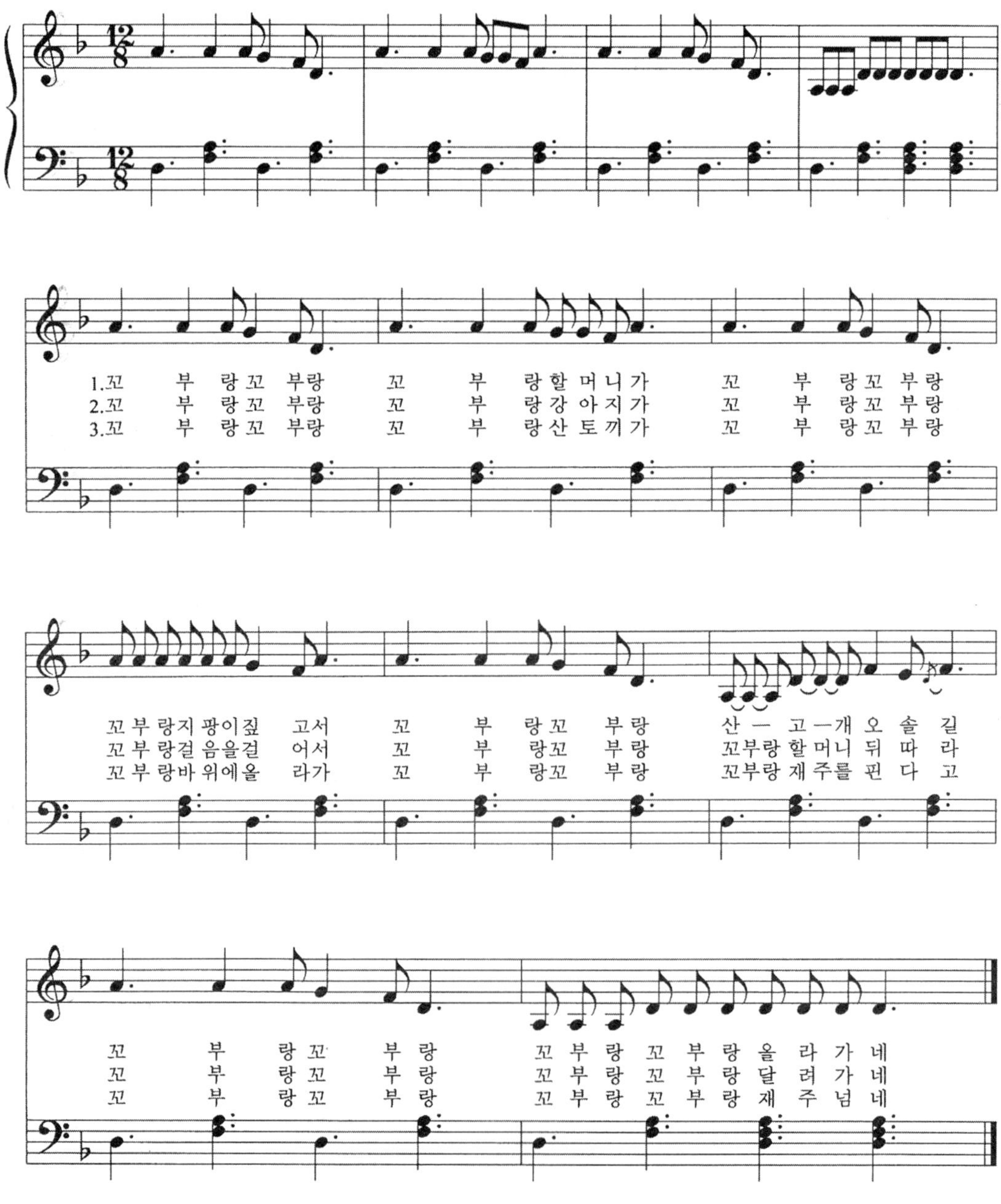

3세( ✓) 4세( ✓) 5세( ✓)

# 미끄럼 타기

임석재 시
임혜정 곡

### 3) 노래게임을 위한 동요

3세(✓) 4세(✓) 5세(✓)

## 나는 누구일까요

임혜정 시
임혜정 곡

3세(  ) 4세( ✓) 5세( ✓)

# Let's count

임혜정 시
임혜정 곡

3세( ✓) 4세( ✓) 5세( ✓)

# 물건세기

임혜정 시
임혜정 곡

색 종 이 를 셀 때 는 어 떻 게 셀 까 한 장 두 장 세 장 네 장
신 ㅡ 발 을 셀 때 는 어 떻 게 셀 까 한 켤 레 두 켤 레 세 켤 레 네 켤 레
동 ㅡ 물 을 셀 때 는 어 떻 게 셀 까 한 마 리 두 마 리 세 마 리 네 마 리
그 림 책 을 셀 때 는 어 떻 게 셀 까 한 권 두 권 세 권 네 권
O ㅡ O 을 셀 때 는 어 떻 게 셀 까 O O

*○○의 예 1. 두부 2. 배추 3. 집

3세(　) 4세(　) 5세( ✓)

# 끝말 이어가기

임혜정 시
임혜정 곡

4) 음률활동을 위한 동요

3세( ✓) 4세( ✓) 5세( ✓)

## 엄마와 함께

원종봉 시
임혜정 곡

* '엄마' 대신 '친구'를 넣어도 좋다.

3세(  ) 4세(  ) 5세( ✓)

# Walking Walking

임혜정 시
임혜정 곡

### 5) 유치원가

3세(　) 4세( ✓) 5세( ✓)

## 유치원가

임혜정 시
임혜정 곡

3세(  ) 4세( ✓) 5세( ✓)

# 유치원가

임혜정 시
임혜정 곡

# 참고 문헌

강혜인(2002). 유아교육, 우리음악으로 가르쳐요. 서울 : 민속원.

교육부(1996). 유아음률교육 활동자료. 교육부.

교육부(1996). 유아를 위한 전통문화 교육활동 자료집. 교육부.

교육부(1998). 유치원 교육과정 해설. 교육부.

김명순 · 조경자(1998). 유아를 위한 음악교육의 이론과 실제. 서울 : 다음세대.

김성례(1994). TV 유아 교육 프로그램에 나타난 가창 교육에 대한 연구. 연세대학교 교육대학원 석사학위 청구논문.

김영연(1995). 유아애창동요의 실제음역에 관한 연구. 발표 논문집, 135-152. 서울 : 한국음악교육협회.

김영연(1996) 유아음악교육론, 서울 : 학지사.

김영연(2001). 영유아와 음악교육 연구. 양옥승 외 공저 유아교육학탐구(pp. 487-516) 서울 : 학지사.

김인실(2001). 유아음악교육의 이론과 실제, 서울 : 형설출판사.

김혜경(1996). 유아음악교육. 서울 : 창지사.

김혜경(2001). 유아음악교육 2000. 서울 : 창지사.

박유진(1997). 유아의 음악성 발달을 위한 접근 방법의 연구. 서울대학교 대학원 석사학위 청구논문.

박인숙, 황명원(1980). 3-8세 어린이의 음역 발달에 관한 연구. 연세대학교 어린이 생활지도 연구원 1980년도 보고서.

박찬옥(1999). 유아교육과정. 서울 : 정민사.

상지대학교 병설 전문대학편(1996). 유아의 음악성계발을 중심으로 한 유아음악교육. 서울 : 동문사.

심성경, 이희자, 이선경, 김경의, 이효숙, 박주희(2003). 유아음악교육. 서울 : 양서원

안재신(1996). 유아음악교육. 서울 : 교육과학사.

양옥승, 김미경, 김숙령, 김영연, 김진영, 박선희, 서현아, 오문자, 장혜순, 조성연, 조은진, 최양미, 현은자(2001). 유아교육개론. 서울 : 학지사.

어린이육영회 편(1998). 유아기 전통 음률활동. 어린이 육영회.

원희(1994). 코다이와 유아음악교육. 서울 : 창지사.

유덕희(1983). 아동발달과 음악교육. 서울 : 개문사.

유덕희(1983). 유아음악교육론. 서울 : 개문사.

이연경(1999). 아동의 가창기술에 영향을 주는 요인에 대한 연구. 음악교육연구, 18, 115-155.

이영옥(1999). 유아음악교육활동의 현장실태연구. 한양대학교 교육대학원 석사학위 청구논문.

이용일(1987). 유아 음악 교육. 서울 : 학문사.

이재임(1986). 유아의 음역에 관한 조사연구. 중앙대학교 교육대학원 석사학위 청구논문.

이홍수(1990). 음악교육의 현대적 접근. 서울 : 세광음악출판사.

임혜정(1995). 음악성계발프로그램. 서울 : 예솔.

임혜정(2004). 유아교육기관에서 선호하는 동요에 관한 조사 및 악곡분석 연구. 덕성여자대학교 대학원 박사학위 청구논문.

전송배 편저( ). 국악교육 길라잡이 I. 유아국악교육연구회.

전인옥(2000). 유아음악교육 활동자료의 주제별 활용도 및 발달적 적합성 평가. 한국방송통신대학교 논문집, 30, 357-393.

전인옥, 이숙희(1997). 유아음악교육. 서울 : 한국방송통신대학교 출판부.

주영은(2000). 유아의 동요분석에 관한 연구. 음악교육연구, 19, 205-221.

주원숙(1992). 5-6세 유아들의 동요 선정에 관한 연구. 이화여자대학교 교육대학원 석사학위 청구논문.

허정희(1992). 유아 가창곡의 문제점에 관한 분석 연구. 숙명여자대학교 교육대학원 석사학위 청구논문.

황성숙(2001). 유아동요의 발달적 적합성 분석 연구. 아동교육, 10(2), 173-184.

Bayless, K, M., & Ramsey, M. E. (1991). Music : A way of life for the young child(4th ed.). Columbus, OH : Merrill.

Boston, B. O. (2000). A Report from the Early Childhood Music. Summit Sponsored by MENC. Washington, DC : Wordsmith.

Chosky, L. (1974). The Kodaly Method. New Jersey : Prentice-Hall.

Decarbo, J. J. & Nelson, J. A. (2002). Music and Early Childhood Education. The New Handbook of Research on Music Teaching and learning (pp.210- 242). New York.

Eliason, C., & Jenkins, L.(2003). A practical Guide to early childhood curriculum. Seventh Edition. Merrill Prentice Hall.

Flowers, P. J. & Dunne-Sousa, D. (1990). Pitch-pattern accuracy, tonality, and vocal range in preschool children's singing. Journal of Research in Music Education, 38(2), 102-114.

Gardner, H. (1993). Multiple intelligence : The theory in practice. New York : Basic Books.

Garretson, R. S. (1976). Music in childhood education. 2nd(ed). Prentice-Hall.

Gembris, H. (2002). The Development of Musical Abilities. in Colwell, R., & Richardson, C. (Eds). The New Handbook of Research on Music Teaching and learning (pp. 487-508). Oxford University Press.

Gordon, E. E. (1987). The nature, description, measurement and evaluation of music aptitude. Chicago : GIA.

Gordon, E. E. (1990). A music learning theory for newborn and young children. Charles E. Merrill.

Greenberg, M. (1979). Your children need music :a guide for parents and teachers of young children. 이기숙, 김영주 역, 유아음악교육. 서울 : 교문사.

Hackett, P. & Lindeman, C. A. (1997). The Musical classroom:backgrounds, models, and skills for elementary teaching. NJ : Prentice-Hall.

Hart, C. H., Burts, D. C. & Charlesworth, R. (1997). Integrated Curriculum and Developmentally Appropriate Practice; Birth to age eight. State University of New York Press.

Herrold, R. M. (2001). New approaches to elementary classroom music. NJ : Prentice-hall.

Kim, J. (2000). Children's pitch matching, vocal range, and developmentally practice, Journal of Research in Childhood Education. 14(2), 152-160.

Kostelnik, M. J. & Soderman, A. K. & Whirem, A. P. (1999). Developmentally appropriate curriculum : best practices in early childhood education. NJ : Prentice Hall, Inc.

Lament, M. M. (1976). Music in Elementary Education : Enjoy. Experience and Learn. London : Collier Macmillan.

McAllester, D. (1991). Becoming human through music. Reston, VA : Music Educator's National Conference.

McDonald, D. T. and Ramsey, J. H. (1978). Awakening the Artist : Music for Young Children, 33, 26-32.

Mursell, J. L. (1931). The Psychology of School Music Teaching. N. Y. : Silver, Burdett .

Mursell, J. L. (1981). Growth Process in Musical Education, Basic Concept in Music Education (NB Henry Ed). The University of Chicago Press.

Nye, W. V. (1975). Music for Young Children. Dubuque. Iowa : W. M. C. Brown.

Ostwald, D. F. (1973). Musical behavior in early childhood. Developmental Medicine and child Neurology. 15, 367-375.

Pugh, A. & Pugh, L. (1998). Music in the early years. London : New Fetter Lane, Routledge.

Scott-Kassner, C. (1993). Musical Characteristics by MENC.

Shelly, S. J. (1969). "Developing Sensory Perception in 3, 4 and 5 Years Old" Paper presented at the Meeting of the Music Educators National Conference. Washington.

Simth, R. B. (1970). Music in thy Child's Education. New York. The Ronald Press.

Swanson, B. R. (1964). Music in the Education of Children. Belmont. Califonia : Wadsworth.

Taylor, B. J. (1995). A child goes Forth : a curriculum guide for preschool children. 8th ed. New Jersey : A somon & Schuster.

Temmerman, N. (1998). A survey of childhood Music Education Programs in Australia. Early Childhood Education Journal, 26(1) 1-2.

Wassum, S. (1979). Elementary school children's vocal ranges. Journal of research in Music Education, 27(4), 214-226.

Wilson, D. C. (1971). A study of the child voice from six to twelve(Doctoral dissertation, University of Oregon). Dissertation Abstracts international, 31, 53-54.

Young, S., Glover, J. (1998). Music in the Early Years. Bristol, PA : The Falmer Press.

## 저자 소개

### ✍ 임혜정


**〈약력〉**

강원대학교 사범대학 음악교육과 졸업
서울대학교 대학원 졸업(교육학 석사, 음악교육전공)
덕성여자대학교 대학원 졸업(교육학 박사, 유아교육전공)
현, 상지영서대학교 유아교육과 교수


**〈저서〉**

창작 가곡집
 '산넘고 물건너', '기도', '달있는 밤'
유아를 위한 창작 동요집
 '노래하는 꿈나무'
유아음악교육 관련 저서
 '유치원교사를 위한 반주법'
 '유아의 음악성계발을 위한 기초연습 : 리듬연습'
 '유아의 음악성계발을 위한 기초연습 : 보고부르기와 듣고적기'
 '유아의 음악성계발 프로그램'

**〈논문〉**

'20세기 음악교육과정의 접근 방법들에 대한 고찰'
'우리나라 유아동요의 음악적 문제'
'유아음악교육에서의 발달론적 접근에 대한 비판적 고찰'
'유아교육기관에서 선호하는 동요에 관한 조사 및 악곡분석 연구' 외 다수


## 유아음악교육

초판발행 2006년 2월 10일
3판발행 2019년 2월 20일

Lim
2019. 2.

저 자 임 혜 정
발행인 김 현 태
발행처 태영출판사

주 소 (08301) 서울 구로구 구로동 104-10 동남오피스텔 201호
전 화 02 · 839-3757, 839-3752
팩 스 02 · 837-3754
등 록 2005년 5월 30일 제12-421호
http://www.taeyeongbook.co.kr
E-mail tys2005@hanmail.net
ISBN 89-91777-23-6 93370
정 가 13,000원

* 잘못 만들어진 책은 교환해 드립니다.